漫游
西班牙

藏羚羊旅行指南编辑部 编著

北京出版集团公司
北京出版社

图书在版编目（CIP）数据

漫游西班牙 / 藏羚羊旅行指南编辑部编著 . — 北京：
北京出版社，2016.8
ISBN 978-7-200-12271-8

Ⅰ. ①漫… Ⅱ. ①藏… Ⅲ. ①旅游指南—西班牙
Ⅳ. ① K955.19

中国版本图书馆 CIP 数据核字（2016）第 160025 号

漫游西班牙

MANYOU XIBANYA

藏羚羊旅行指南编辑部　编著

*

北 京 出 版 集 团 公 司
北 京 出 版 社　出版

（北京北三环中路 6 号）
邮政编码：100120

网　　　　址：www.bph.com.cn
北 京 出 版 集 团 公 司 总 发 行
新 华 书 店 经 销
北 京 天 颖 印 刷 有 限 公 司 印刷

*

889 毫米 ×1194 毫米　32 开本　7 印张　230 千字
2016 年 8 月第 1 版　2016 年 8 月第 1 次印刷
ISBN 978-7-200-12271-8
定价：39.80 元
如有印装质量问题，由本社负责调换
质量监督电话：010-58572393

前言

　　西班牙是一个拥有无尽明媚的风光、动人的文化与艺术、热情洋溢的人民、美味诱人的食物的国家，让人流连忘返。曾历经罗马人、西哥特人和穆斯林等外族统治，西班牙虽在追求独立的道路上备尝艰辛，却因此累积了丰富的遗产：格拉纳达的阿尔汗布拉宫留下了伊斯兰教的印记、塞维利亚的大教堂标志着天主教王国的胜利、巴塞罗那的高迪建筑更是内战后西班牙人民族意识觉醒的最佳写照……除了传承历史的古迹外，还有迷人的白色山城、斗牛、佛拉门科舞和雪莉酒，让安达鲁西亚不但展现出悠闲的生活情调，更增添了浓厚的地域特色。艺术家也是造就西班牙多姿多彩的因素之一，其中特别是启蒙现代艺术的毕加索、超现实主义的米罗，以及荒诞怪异的达利等，不但颠覆了传统艺术，更带领西班牙进入了崭新的领域。

　　《漫游西班牙》选取西班牙众多旅游景点中的精华，首先从美食、购物、建筑艺术等几个专题激发游客对西班牙的兴趣，之后再以分区的形式向游客提供西班牙各个城市的交通方式、精华旅游景点、住宿美食购物等信息。不论是在旅行前做攻略还是在旅途游玩中，本书都能为读者做详细指导。

目录

contents

contents

目录

contents

西班牙美食

好的西班牙料理并非一定要在昂贵的餐厅中才享用得到，事实上即使是路边的小酒馆或者家中，都有让人意想不到的惊喜。新鲜的地区性食材，在每道料理中扮演着关键的角色，而西班牙各个地区的气候、地理环境与历史背景，更造就各区多元化的美食。

西班牙海鲜饭 Paella

东北方的加泰罗尼亚区（Catalunya）以橄榄、葡萄、海鲜等料理闻名，而独特的酱汁更是此区美食迷人的要诀。素有"西班牙米乡"之称的瓦伦西亚，更以西班牙海鲜饭闻名全球，这种原属于大杂烩式的农家饭，以生猛海鲜（有时会加入鸡肉、兔肉等肉类）搭配米饭，再加入不同的蔬菜与番红花烹饪而成，尤其是烧焦的米饭锅巴更令人垂涎三尺。

现今海鲜饭已成为西班牙的"国菜"，在全国任何地方都能品尝到，有的还会以细短的意大利面取代米饭。

火腿 Jamón

西班牙的火腿种类繁多，主要分两大类：伊比利亚火腿（Jamón Ibérico）与塞拉诺火腿（Jamón Serrano）。伊比利亚火腿是以伊比利亚种的黑猪肉制作而成；塞拉诺火腿则是以白猪肉制成。一般而言，伊比利亚火腿的肉质细腻、香气浓郁、口感较好，价格普遍比塞拉诺火腿高出许多。

橄榄油 Aceite de oliva

行经安达鲁西亚（Andalucia）的小镇，橄榄树就像一个个绿色圆球，遍布平原缓坡，尤其从高处向下望，绵延不绝的橄榄林就在眼前展开，可见西班牙不愧为全球最大的橄榄油生产国。橄榄树多在秋天结果，每年11月为产季，果实可直接食用或榨油，安达鲁西亚是西班牙橄榄园最多的地方，据统计，欧洲所使用的橄榄油1/3来自安达鲁西亚。这种为西班牙赚进大笔收益的农产品，是安达鲁西亚饮食中相当普遍及重要的食材。无论是初秋的绿果实，或是深秋转为紫黑色的成熟果实，清洗后以食盐腌制，就是餐厅常见的小菜。而橄榄油更是广泛用在食物的烹调料理上，或直接淋在烤面包（Tostada）上食用。

番茄冷汤 Gazpacho

风光明媚、长年阳光普照的安达鲁西亚，丰富的农作物和食材使得该区的料理，几乎可以说是西班牙历史最悠久的。大航海时代，哥伦布从塞维亚出发，朝新大陆迈进，他从这片新世界中带回的不只是黄金和白银，还包括玉米、胡椒、番茄和马铃薯等农产品，使得今日的欧洲大陆有了更多的食物选择。安达鲁西亚声称拥有最美味的番茄冷汤，这种以西红柿为基底的新鲜蔬菜汤的诞生，源自于当地炎热的气候，据说它有防止中暑的功效。

炸鱼 Pescados Fritos

炸鱼也是安达鲁西亚的特产，简单地炸过后即可上桌，吃之前淋上清爽的柠檬汁提味。

炖牛尾 Rabo de Toro

由于斗牛风气兴盛，炖牛尾也成了安达鲁西亚的名菜之一，其中又以科尔多瓦和隆达两地最为有名。牛尾先以蜂蜜腌制过，再连同水果一同熬煮，煮到完全入味，肉质软嫩，胶质尽出。

烤乳猪 Cochinillo Asado

烤乳猪是塞哥维亚的特产，选用 3～4 千克大的小猪，以大蒜和丁香等香料浸泡后再以药草熏烤，上桌时必须达到皮脆肉嫩、能够直接在餐盘切开的程度。1898 年开业的创始老店康迪多餐厅至今生意兴隆，塞哥维亚街头的其他餐厅也纷纷以烤乳猪为招牌，吸引游客。

吉拿果 Churros

西班牙式的炸油条，同样经常出现在早餐桌上。不过西班牙人发现它和热巧克力滋味颇搭，所以又喜欢把它拿来蘸热巧克力。

西班牙蛋饼 Tortilla

Tortilla 是一种很常见的家常菜，念起来很像"偷剔牙"，就是马铃薯加蛋搅拌煎成的蛋饼，很容易饱腹。不同的食材所做成的蛋饼也有不同的名称，如纯粹以马铃薯和洋葱烹调而成的蛋饼称为 Tortilla Española；以火腿、大蒜、番茄烹调的则称 Tortilla Murciana。

西班牙购物

除了气候舒适、风光明媚且料理美味之外，得天独厚的西班牙还有着另一种令游客血脉贲张的吸引力——购物。无论是在国际时尚展台上占有一席之地的 Loewe，或是因平价而席卷全球潮流的 Zara，还是因创意设计吸引粉丝的 Camper，甚至就连纪念品店色彩缤纷的陶瓷器，都让人爱不释手，无论是谁都能在西班牙这个大百宝箱中，发现自己心爱的宝物。

设计商品

西班牙知名艺术家和建筑师辈出，因此众多美术馆或景点推出设计感新颖的商品，其中最受欢迎的，就属以高迪色彩缤纷的建筑为构想的纪念品，像是缩小版的圣家堂或巴特罗之家模型、奎尔公园变色龙的大小摆件、彩色瓷砖图案的咖啡杯与汤匙，甚至米拉之家的造型磁铁……件件令人爱不释手。

足球商品

足球是西班牙的国民运动，当地人对足球疯狂的程度令人咂舌，球衣、围巾、帽子充斥着纪念品店，此外各大球队更会在商业区设立专门店，提供官方授权的独家商品，无论质量与设计当然都比纪念品店中的略胜一筹，球迷甚至还可以在合成相片中，和偶像来一张"近距离"合照。如果你是球迷，千万别错过这个千载难逢的独特购物经历。

佛拉门科用品

　　近年来学习佛拉门科舞成为风潮，甚至有人专门前往西班牙进修，而在当地想要买到专业的舞衣或舞鞋，以及美丽的披肩和发饰，自然是件容易的事，特别是在安达鲁西亚地区，有不少历史悠久的专卖店。当然，如果你只是想过过干瘾，一般的纪念品店中也有扇子、响板、舞鞋等相关物品出售，留作纪念也相当不错。

陶瓷器

　　Lladró的瓷器精致优雅，却非人人都能入手。如果喜欢色彩缤纷的瓷器，倒是有不少小镇可以买到价格便宜且洋溢地方风情的瓷盘与瓷砖等器具，特别是在科尔多瓦或白色山城这些喜欢以瓷盘或花盆装饰白墙与中庭的地区，几乎随处可以看见将自家门口装饰得色彩缤纷的商家。

蛋黄甜点

在西班牙许多城镇，都会卖一种叫作"Yemas"的蛋黄甜点，据说最早是从中古世纪的修道院传出来的手艺。这种甜点的主要原料是蛋黄，然后加上糖浆、柠檬汁、肉桂等制成，个头很小，吃起来非常甜，还飘着一股浓郁的蛋黄味，相当特别。

镶嵌工艺

穿梭在托莱多的巷弄间，会觉得此地的橱窗分外吸引人，除了其他地方也看得到的商品外，更有琳琅满目的武器店、工艺品店。托雷多的镶嵌工艺 (Damascene) 相当独特，是在黑色的金属上仔仔细细地嵌进去金线、银线、铜线等，不同材质的金属线便在黑底上形成深浅有别、层次分明的花纹，而且表面摸起来平平整整，不明就里还会以为颜色是漆上去的，光泽沉稳内敛，颇为高贵。镶嵌工艺所制成的产品形式也很多样化，有纯粹的挂饰、圆盘，也有手镯、戒指、链坠、耳环等。

杏仁饼

走在托莱多街上，不难发现糕饼店异常密集，不管是不是闹市区，几步路就会看到一家，而且家家必定展示一种名为"Mazapan"的小点心，这是当地特产的杏仁饼，以杏仁和砂糖制作，从伊斯兰政权统治时期传承至今。其中位于索科多佛广场旁的圣多美 (Santo Tomé) 为 1865 年开业至今的老字号，生意最兴隆。另外，在圣多美教堂附近还有一家修女咖啡厅 (El Café de las Monjas) 也很受欢迎。

雪莉酒

雪莉酒采用一种叫作帕洛米 (Palomine) 的白葡萄酿造，该品种非常适合栽种于石灰岩地质的赫雷斯。一般雪莉酒分为浅色的 Fino 和深色的 Oloroso 两种，前者酒精浓度较低，后者酒精浓度较高，由于雪莉酒是以新旧酒相混调配出的风味，因此不像一般的葡萄酒有年份的差别。

高迪
经典
建筑

　　只要见过安东尼·高迪·克尔内特（Antoni Gaudí i Cornet, 1852—1926）的作品，一定毕生难忘。

　　受到英国美术大师罗斯金（John Ruskin, 1819—1900）自然主义学说和新艺术风格（Art Nouveau）的影响，并以心中那股浓烈的加泰罗尼亚民族意识和来自蒙特瑟瑞（Montserrat）圣石山的灵感为泉源，高迪回归上帝赋予大自然的曲线，这位"建筑史上的但丁"，以其独特的创造力与精湛的技艺，替现代建筑史写下崭新的一页。

　　安东尼·高迪出生于铁匠之家，虽然自幼便习得一手杰出的锻铁技术，但从小励志学习建筑，在出生地雷乌斯（Reus）念完小学后，他当过短期的打铁工人。1869年，高迪前往巴塞罗那学习建筑，1873年取得巴塞罗那省立建筑学校的入学许可，并于1878年取得建筑师执照，此后至死都在巴塞罗那工作生活，未曾离开。他不仅为巴塞罗那打造了10多座精彩的建筑，也留下一座未完成的作品——圣家堂，让世人无限景仰、感叹。

　　成功绝非偶然。朋友眼中的高迪是个不折不扣的加泰罗尼亚人。也许是他作品里十足的民族风，也许是他那孜孜不倦的工作特质，完全和西班牙人传统的"慵懒"习惯不同，一直到他去世以前，都从未休息过，是"精力充沛的加泰罗尼亚人"传言的最佳典范。

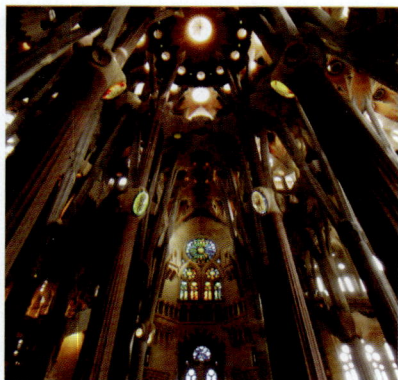

回归大自然的创意理念

　　高迪之所以拥有源源不断的创意及不断超越自己的动力，都得归功于大自然。高迪曾说："艺术必须出自于大自然，因为大自然已为人们创造出最美丽的造型。"他认为大自然是没有直线存在的，直线属于人类，而曲线才属于上帝，因此凡是他践行着自然理论的建筑作品始终令人眼睛发亮，在百年后的今天丝毫没有古迹之感。

高迪建筑作品年表

1883—1888
文生之家 Casa Vicens

文生之家 Casa Vicens

　　这座花花绿绿的私人宅第，正是高迪成为建筑师后的第一个作品。尽管不同于后期摒除直线的设计，文生之家依旧透露出日后高迪建筑的特色，例如在奎尔公园等处都可以见到的棕榈叶铸铁大门，以及铺满马赛克的摩尔式高塔。而窗户外令人叹为观止的复杂铸铁构件，也在日后高迪的建筑中占有重要的地位。

　　屋主是一位瓷砖制造商，所以高迪在屋子里外用了不少瓷砖，还在花园里配合种植非洲万寿菊。据说屋子里有更多的花、鸟和植物图案的瓷砖与壁饰。

奎尔宫 Palau Güell

　　这座华美绝伦的豪宅原为高迪最重要的赞助人——奎尔公爵的家族产业，从 1886 年至 1891 年，工期长达 6 年，几乎花光了奎尔公爵的全部财产。1985 年，它被列入《世界遗产名录》。

　　奎尔宫坐落在利修（Leisu）剧院附近的小巷里，所以很难一窥全貌。大门上由锻铁制成的老鹰雕像，能显示出其身价不凡。屋顶 20 根彩砖拼贴的烟囱，犹如万花筒，在艳阳下闪耀。

　　室内装潢同样细致豪华。不论是天花板还是梁柱，都布满了精巧的雕刻花纹。铸铁露台也同样别出心裁，有的呈螺旋形，有的像栅栏般方正，整齐中见繁复。

1886—1891
奎尔宫 Palau Güell

1884—1887
奎尔别墅 Finca Güell

奎尔别墅　Finca Güell

应奎尔公爵之邀，高迪在奎尔别墅中盖了数栋风格不一的建筑，主要是马厩和门房小屋。一如其同时期的建筑设计，红砖依然是主要建材。高迪所设计的马厩采取多拱式，因此偌大的建筑物中间不需要大梁支撑。不过，别墅目前并不对外开放，游客只能在门外欣赏，大门上有只活灵活现的铸铁盘龙，门房和围墙用瓷砖红砖排列而成，加上彩色马赛克，让人目不暇接。大门右上方有高迪的专属标志"G"，柱顶根据希腊神话《海丝佩拉蒂的果园》而设计的橘子树，也颇有看头。

1883—1926
圣家堂
Sagrada Família

圣家堂 Sagrada Família

这座举世无双的教堂，源自一位书店老板——柏卡贝勒（Josep Ma Bocabella）的设想，他一直梦想建造一座教堂以礼拜耶稣。1882 年，他与建筑师维拉（Frrancisco de Villar）合作，但 1 年后随即传出两人不和，于是找来年轻的高迪接手。此后 43 年，身为虔诚教徒的高迪，将心力奉献于圣家堂上，直至过世。

圣家堂完成后将有 18 根高塔、3 座立面，分别是诞生立面——细诉基督的诞生和幼年；复活立面——描述耶稣受难和死亡；光荣立面——包含死亡、审判、地狱及最后的荣光，这将是圣家堂最豪华的立面和正门所在。同时，这也是一栋融合大自然的教堂，大殿外有各种动植物，大殿内完全仿照森林修建。

特别值得一提的是，诞生立面所有人物塑像都来自真人模特，真实而且增加教堂与人的亲近感。

尽管高迪已经过世，然而建造超过一个世纪的圣家堂目前仍如火如荼地修建中，接手的建筑师希望能在 2020 年完工，让众人见识高迪最令人惊艳的"遗珠"。

圣德雷沙学院 Colegio de las Teresianas

这是一家私立天主教女子学校，高迪于1889年接手时，已经盖好地基和1楼。高迪接受了既成的建筑、有限的预算，以及校方禁欲、不张扬的规定，也保有了自己独特与富有想象力的风格。

该建筑和奎尔别墅具有异曲同工之妙，都以红砖作为主要材料，有着浓浓的摩尔建筑风情，从建筑顶部和角落，可发现其精巧的构思。高迪以拱形设计取代梁柱，有着摩尔风味的细瘦尖拱，也刚好和教会的保守作风相符。当然，高挂在建筑一角的"JHS"（耶稣的缩写），以及繁复的铁铸门扉，让人一眼就能看出设计者就是高迪。

卡佛之家 Casa Calvet

公元1900年，高迪就是以这栋卡佛之家获得了"最佳巴塞罗那建筑奖"，这是高迪生前唯一获得的建筑奖项。

卡佛之家是实业家卡佛（D. Pedro Martir Calvet）的住宅兼办公室。繁复的雕塑、典雅的波浪形阳台，颇具巴洛克风格。卡佛还是位研究真菌的学者，高迪于是把此元素也融入建筑之中，位于大门上方的凸形立窗周围，就有许多真菌形状的石雕。高迪还把卡佛家乡的守护神同样雕刻于外墙上。

1楼办公室及2楼简单舒适的家具也花费高迪不少心思。由于该建筑目前为私人住宅，想一窥大师全方位的设计功力，不妨到由昔日办公室改建的卡佛咖啡馆吃顿大餐。

波提内之家 Casa Botines

位于西班牙西北部莱昂（León）的波提内之家，是加泰罗尼亚区之外少见的高迪作品之一。由于奎尔公爵牵线，高迪为从事纺织品买卖的业主设计了这栋包含仓库的住宅。

这栋新哥特式大厦造型简洁却不失庄重，具有中世纪的气质。屋顶采用倾斜式，房子的每个角落都设有塔楼，为了改进照明和地下室通风，四周还环绕着壕沟（此技术也使用于圣家堂和阿斯托佳主教宫）。主立面上方装饰着圣乔治屠龙的雕像，入口布满蕨类植物的铸铁雕饰。

1891—1894
波提内之家
Casa Botines

1898—1915
奎尔纺织村及教堂
Cripta de la
Colonia Güell

奎尔纺织村及教堂
Cripta de la Colonia Güell

奎尔村是西班牙留存至今建筑与村镇计划最完整的古迹之一。此村镇包含一座纺织厂、住宅区以及一栋小教堂。不过，只有教堂的地窖出自高迪之手，其余房舍则由他的两位门徒完成。

小教堂只有礼拜堂内的 4 根主支柱，其余则以不规则的砖拱来辅助支撑。礼拜堂外的小回廊，同样以不规则的仿树状砖石柱与门拱来支撑天花板。沿着礼拜堂右侧楼梯往上，到达地窖礼拜堂屋顶，地面建筑由此开始。

树枝状支柱，搭配马赛克花纹以及礼拜堂内粗犷的玫瑰花窗，散发着一种自然原始的氛围，迥异于其他教堂的人造圣洁感。礼拜堂内以木头和铸铁做成的椅子，也出自高迪的设计。

马德里

历史上马德里一直是个不起眼的小城镇，直到公元 10 世纪时，才有了相关的具体记载。这里曾经是摩尔人的宗教中心玛吉立特（Magerit），后来又在公元 1083 年时，被信奉基督教的阿方索六世（Alfonso Ⅵ）所征服。公元 1561 年，菲利浦二世（Felipe Ⅱ）将此地定为西班牙首都，其地位因而逐渐超越位于周边的托莱多（Toledo）、塞哥维亚（Segovia）。

　　相对于巴黎、罗马，马德里或许缺少历史悠久的古迹建筑，不过也正因为如此，这个属于 19、20 世纪的新生代城市，宛若充满活力的年轻少女，越夜越美丽。尤其是到了周末，午夜的马德里街头挤满了人，他们个个身着劲装，或三五成群正要出门聚餐，或坐在街头咖啡店内喝酒聊天，那种热闹的气氛真是令人大开眼界。

　　当然，除了花几天的时间参观马德里的历史景观外，时间宽裕的游客不妨多停留几天，好好欣赏普拉多美术馆、提森·波涅米萨美术馆以及索菲娅王妃艺术中心。

马德里交通

马德里的巴拉哈斯机场（Aeropuerto de Barajas）位于马德里市区东北方约15千米处，该机场拥有T1、T2、T3、T4共4个航站楼，视航空公司不同而停靠不同航站楼，一般从亚洲起飞的航班多停靠在T1和T2航站楼。T1～T3航站楼以通道相互连接，最后落成的T4航站楼与前三者相距略远，可搭乘地铁8号线往来。国际机场内附设24小时的旅馆订房柜台、汇兑中心、西班牙国铁（Renfe）办事处、租车公司柜台以及马德里旅游服务中心等设施。

马德里巴拉哈斯机场
🖰 www.madrid-airport.info

巴士

马德里共有两班巴士往来于机场和市区之间：机场快线（Line Express）往来于机场T1、T2和T4航站楼以及阿托查（Puerta de Atocha）火车站；200号公交车则往来于机场4个航站楼和美洲大道（Avenida de América），车程约20分钟。车票和地铁票通用，每趟1欧元。发车时间为5:00-23:00，平均每15～20分钟1班车，详细时刻表、搭车地点与地图，可上马德里交通市政公司（Empresa Municipal de Transportes de Madrid，EMT）网站查询。

马德里交通市政办公室
☎ 91-4068800
🖰 www.emtmadrid.es

地铁

从巴拉哈斯机场搭乘地铁前往马德里市中心相当方便，可以搭乘地铁8号线到终点站（Nuevos Ministerios）后转搭其他线。8号线通往所有航站楼，其中前往

T1 ~ T3 航站楼在 "Aeropuerto T1-T2-T3" 下车，前往 T4 航站楼则需多坐两站，在 "Aeropuerto T4" 下车。

从机场前往新部委（Nuevos Ministerios）站 15 分钟，运营时间为 6:00 至次日 2:00，费用除地铁票的 1 欧元之外，还须加付 1 欧元的机场费。

马德里地铁公司

☎ 90-2444403

🖱 www.metromadrid.es

出租车

马德里往来于机场间的大众交通工具方便且班次频繁，因此需搭乘出租车的情况不多。

马德里的出租车采取跳表计费方式，平日、假日和夜间的最低收费均不同，从机场前往市中心需 20 ~ 30 分钟，费用在 20 ~ 25 欧元。除车资外还需另外支付 5.5 欧元的机场接送费，

以及每件行李的费用，22:00 至次日 6:00 另有夜间加乘，在巴士站或火车站下车，还会多收取 2.95 欧元的车站接送费。由于有时会发生绕路多收钱的情况，因此如果对车资有所疑虑，可向对方领取正式收据以便查询。

马德里市出租车协调部门

☎ 91-5889631

如何到达——火车 →

马德里有 3 个火车站，分别是位于北边的查马丁火车站（Estación de Chamartín）、南边的阿托查火车站（Estación de Atocha），以及西北方的皮欧王子车站（Estación de Príncipe Pío）。由于皮欧王子火车站仅提供马德里近郊铁路，因此客流量较少，从这里可以转搭地铁 6 号线、10 号线和 R 线。

阿托查火车站是游客游西班牙最常使用的火车站，该火车站分为两部分：阿托查－塞尔卡尼亚斯（Atocha Cercanías）车站为马德里近郊和中长程列车的停靠之处，前往艾斯科瑞亚皇宫便是从这里搭车；普艾尔塔－德拉曼查站则是往来于巴塞罗那或安达鲁西亚的高铁AVE，或是前往托莱多等地的ALVIA、Alaris等长程特快列车的停靠站。阿托查火车站有地铁1号线经过。

至于查马丁火车站主要供行驶于西班牙北部的AVE或长程特快列车，以及往来于巴黎或里斯本的国际列车使用，从这里可以搭乘地铁10号线或地方火车与其他景点接驳。详细火车时刻表及票价可上西班牙国铁网站或至火车站查询，购票除可至当地火车站柜台购买外，也可以事先于欧洲铁路公司中国售票处购买欧铁票。

西班牙国铁
🌐 www.renfe.com
欧洲国铁
🌐 www.raileurope.com
欧洲铁路公司中国售票处
🌐 http://www.europerail.cn

如何到达——巴士 ➡

马德里有多处巴士中转站，不过其中最大的要属南站（Estación Sur de Autobuses），几乎所有往来于国际的巴士和长途巴士都停靠此站，该站位于阿托查火车站西南方约1.5千米处，附近可转搭地铁3号线或6号线往来于马德里。美洲大道站（Intercombiador de Avenida de América）除了有巴士前往机场和近郊外，往来于西班牙北部的巴士也多以此为起始点，附近可搭乘地铁4、6、7、9号线。详细情形可上巴士中转站或巴士公司网站查询。

南站

☎ 91-4684200

🌐 www.estaciondeautobus-es.com

美洲大道站

🏠 Avenida de América, 9-A

☎ 90-2330400

主要巴士公司

🌐 Alsa: www.alsa.es

　　Auto Res:

　　www.avanzabus.com;

　　Daibus: www.daibus.es;

　　Socibus-Secorbus:

　　www. socibus.es

市区交通 →

大众交通票券

　　马德里的大众交通工具（地铁、巴士）共享同一种票券，市区单程成人每趟1欧元，除购买单程票（Billete Sencillo）之外，也可选择10趟的多程票（Metrobus），费用为9欧元，可多人同时使用。

　　另有为游客设计的交通周游券，分为可随意搭乘马德里市中心巴士、地铁和火车的A区（Zone A）票，以及除市中心外还涵盖前往托莱多与瓜达拉哈拉（Guadalajara）等地巴士的T区（Zone T）票，两者更有可供选择天数的票价，A区票随天数不同价格分别为5.2、8.8、11.6、17.6和23.6欧元，T区票则按天数为A区票的一倍。

马德里交通财团

☎ 91-5804260

🌐 www.ctm-madrid.es

地铁

　　整洁、快速的马德里地铁，是往来城市间最方便的大众交通工具，地铁分为12条线，再加上往来于皮欧王子火车站和歌剧院之间的R线，总共有13条路线。

　　往来于太阳门广场的日出（Sol）站、皇宫附近的剧院（Ópera）站、普拉多美术馆一带的西班牙银行（Banco de España）站以及

雷提诺公园的 Retino 站的 2 号线，几乎串联起所有马德里最重量级的景点，是游客搭乘频率最高的路线，其他还有前往阿托查火车站的 1 号线、皇家马德里球队主场贝纳坞球场与查马丁车站的 10 号线等，也都经常为游客使用。马德里的地铁运营时间为 6:00 至次日 2:00，不过基于治安考虑，建议人少时少搭地铁。

马德里地铁公司

☎ 90-2444403

🖱 www.metromadrid.es

巴士

马德里共有多达 160 条的巴士路线，以及 26 条夜间公交车，交通网络四通八达，然而对于一般游客来说，不熟悉路线的情况下，很少搭乘巴士。

马德里的市区巴士运营时间大多介于 6:00-23:30，其他时段则必须搭乘夜间公交车。游客可以直接使用事先购买的票券，或是直接向司机购买。

马德里交通市政办公室

☎ 91-4068800

🖱 www.emtmadrid.es

出租车

马德里的交通非常方便，景点之间大多也相距不远，因此使用出租车的机会不多。马德里的出租车都是白色的，除招呼站外也可在路旁招车，起跳价格分时段不同而不同，价格为 2.05 ~ 3.10 欧元。在市区内平时每千米为 0.98 欧元，夜间和假日则为 1.17 欧元，如果行驶于郊区，则平时每千米为 1.17 欧元，其他时段为 1.18 欧元，另

外起点或终点为机场或火车或巴士站的乘客，则分别需支付 5.5 欧元和 2.95 欧元。

马德里卡

想要好好参观马德里的人，也可以购买马德里卡（Madrid Card），该卡包括马德里市区与近郊多达 40 处景点门票，从皇宫、三大美术馆到艾斯科瑞亚皇宫等，都在免费参观之列。此外，还可在期限内无限次搭乘 Madrid Visión 观光巴士，并享有餐饮、购物等折扣优惠。马德里卡分为 1 日（49 欧元）、2 日（62 欧元）、3 日（76 欧元）3 种，可以在观光咨询处、路边的书报烟摊甚至网上购买。

马德里卡官方网站

🌐 www.madridcard.com

旅游咨询

西班牙国家观光局

🏠 Jose Lázaro Galdiano 6, 28071 Madrid

☎ 91-3433500

🌐 www.spain.info

马德里市旅游局

主办公室

🏠 Plaza Mayor 27

☎ 91-5881636

🕘 9:30-20:30

🌐 www.esmadrid.com

希比雷斯广场

🏠 Bulevar 和 Paseo del Prado 相交处

🕘 9:30-20:30

精华景点

皇宫

🏠 Calle Bailéns/n

🚇 搭乘地铁 2、5、R 号线在 Ópera 站下车，后步行约 5 分钟可达

☎ 91-4548800

🕐 4—9 月周一至周六 9:00-18:00，周日与假日 9:00-15:00；10 月至次年 3 月周一至周六 9:30-17:00，周日与假日 9:00-14:00

💰 全票 8 欧元、全票含导览 10 欧元、优惠票 6 欧元

🌐 www.patrimonionacional.es

星级推荐

纯白色外观的皇宫，乍看之下，或许会让人觉得过于新颖，缺乏古意，不过可别小看它，因为这座结合巴洛克式和新古典主义风格的宫殿，同时也是当年西班牙皇室鼎盛时期的代表性建筑。

皇宫的内部设计十分精致，对外开放 20 间展览室供游客参观，若仔细欣赏，至少得花 1 个小时。其中最精彩的要属宝座厅 (Salon de Trono)，这里是国王在正式场合接见宾客的殿堂，国王宝座四周安置着 4 只铜狮，据说是委拉斯奎兹挑选的，装饰其中的水晶吊灯则来自威尼斯。墙上高挂法兰德斯织毯的圆柱厅 (Salon de Columnas) 是西班牙人签订加入欧洲共同体协议的地方；可容纳 150 人同时用餐的宴会厅 (Comedor de Gala)，是 2004 年菲利浦王储举办婚礼的地方。还有瓷器厅 (Gabinete de Porcelana)、黄丝绸厅 (Saleta Amarilla)、17 世纪的皇室药房、兵器室等，同样值得参观。

萨巴提尼花园

🏠 Calle Bailéns/n
🚇 搭乘地铁 2、5、R 号线在 Ópera 站下车，后步行约 7 分钟可达
🕐 全天
💴 免费

星级推荐

　　曾经属于皇宫一部分的萨巴提尼花园，前身原是一座皇室马棚，出自 18 世纪意大利设计师弗朗西斯科·萨巴提尼（Francesco Sabatini）的设计。1933 年，皇室下令清除马棚，并将其改建成花园，历经 30 多年，才打造成今日充满新古典主义风格的面貌。位于中央的长方形水池四周耸立着一尊尊姿态优雅的雕像，花园内的静谧通道，或通往喷泉，或通往欣赏皇宫的绝妙角落。

　　1978 年，璜·卡洛斯一世（Juan Carlos Ⅰ）国王宣布萨巴提尼花园对全民开放，这使它成为马德里居民最受欢迎的休闲地点之一。

东方广场

🏠 Calle Bailén s/n
🚇 搭乘地铁 2、5、R 号线在 Ópera 站下车，后步行约 5 分钟可达
🕐 全天
💰 免费

星级推荐

这座东面略呈圆弧状的长方形广场，中央有一座上方耸立着菲利浦五世骑马塑像的喷泉。

东方广场最初由约瑟夫·波拿巴（Joseph Bonaparte）下令兴建，他是拿破仑的哥哥，曾经于 1808—1814 年统治过西班牙。在东方广场兴建以前，这里原本坐落着一栋由一群艺术家兴建的戏剧院，到了 1818 年，因为要建一座皇室戏剧院而将旧戏剧院拆除。偏偏在此时期，西班牙政局陷入动荡不安的局面，使得兴建戏剧院的计划一直延宕到伊莎贝尔二世（Isabel Ⅱ）在任时才得以完工，东方广场的情况也是如此。

在东方广场的花园和广场四周，同样装饰着西班牙君主的雕像，这些原本被设计用来点缀皇宫屋顶的雕像因为超重，最后被放置在现在的位置。

阿穆德纳圣母大教堂	⌂ Calle Bailén, 10
	🚇 搭乘地铁 2、5、R 号线在 Ópera 站下车，后步行约 7 分钟可达
	☎ 91-5422200
	◷ 9:00-20:30，阿穆德纳广场入口开放参观时间为周一至周六 10:00-14:30
	¥ 捐献 1 欧元

MUST-VISIT PLACES 必游之地

　　阿穆德纳圣母是马德里的守护神，其名称"阿穆德纳"原意为谷仓，因为当初发现这尊圣母雕像时是在摩尔人的谷仓附近，所以被称为阿穆德纳圣母。

　　大教堂 1879 年动工，直至 1993 年才完工，并于 2004 年由若望·保禄二世（Pope John Paul Ⅱ）祝圣，同年举办了西班牙王储菲利浦的世纪婚礼。由于属于近代建筑，因此新哥特式的教堂内部洋溢着现代风格，像是位于主祭坛、出自基科·阿圭略（Kiko Arguello）之手的崭新壁画。新罗马风格的地下室中，收藏了 16 世纪的阿穆德纳圣母像；在靠近主街（Calle Mayor）的地方，还保留了昔日的摩尔遗迹和中世纪城墙；至于马德里的守护者阿穆德纳圣母，则被供奉于另一座金碧辉煌的祭坛上。

皇室化身修道院

🏠 Plaza de la Encarnación 1

🚇 搭乘地铁 2、5、R 号线在 Ópera 站下车，后步行约 5 分钟可达

☎ 91-4548803

🕐 周二至周四、周六 10:30-12:45、16:00-17:45，周五 10:30-12:45，周日和假日 11:00-13:00

💰 全票 3.6 欧元、优惠票 2.9 欧元、皇室赤足女子修道院套票 6 欧元。需跟随西班牙语导览团参观，约 20 分钟一团

🌐 www.patrimonionacional.es

皇室化身修道院于 1611 年时由菲利浦三世（Felipe Ⅲ）和奥地利的玛格丽特（Margaret of Austria）创立，据说一度有通道和阿卡乍堡（Alcázar）相通，1761 年时曾加以翻新。

这座在 20 世纪 80 年代对外开放的巴洛克式修道院，是昔日皇室女子隐居的地方，因此收藏了许多来自皇室的物品，包括珍贵的 17—18 世纪艺术品，像是卢卡斯·乔尔丹（Lucas Jordán）、胡安·范·德·哈曼（Juan Van der Hammen）、维森特·卡尔多卓（Vicente Carducho）、格雷戈里奥·费尔南德斯（Gregorio Fernández）和佩德罗·梅纳（Pedro de Mena）的作品，以及多达上百件来自德国、意大利、荷兰等地的青铜器与瓷器等。不过其中最为人津津乐道的，是圣潘达莱昂（St. Pantaleón）的圣骨匣，在这个玻璃容器中收藏着他凝固的血液，据说每年 7 月 27 日当天会液化，否则来年西班牙可能会遭逢厄运，也因此吸引了各地的游客纷纷前来参观。

西班牙广场 ♥

- 🏠 Plaza de España
- 🚇 搭乘地铁 3、10 号线在 Plaza de España 站下车
- 🕐 全天
- ¥ 免费

星级推荐

　　这个四周高楼林立的广场主要用来纪念西班牙大文豪塞万提斯（Miguel de Cervantes Saavedra），广场中央端坐着这位作家的大型纪念碑，前方是《堂吉诃德》中的主、仆二人。此纪念建筑建于 1925—1930 年。

　　西班牙广场后方有两栋马德里最早的摩天大楼，分别是马德里塔（Torre de Madrid）和西班牙大厦（Edificio España），高度各为 142 米和 117 米，都于 20 世纪完工。从它今日美丽的模样，很难令人联想到这座广场就是 1808 年 5 月 3 日，法国射击队枪杀西班牙反叛者的地方，戈雅收藏于普拉多美术馆的名画《1808 年 5 月 3 日的马德里》（*El Tres de Mayo de 1808 en Madrid*）描述的正是这个场景。

塞拉尔包美术馆

- 🏠 Calle Ventura Rodríguez 17
- 🚇 搭乘地铁 3、10 号线在 Plaza de España 站下车，后步行约 3 分钟可达
- ☎ 91-5473646
- 🕐 周二至周六 9:30–15:00，周日和假日 10:00–15:00
- ¥ 全票 3 欧元、优惠票 1.5 欧元
- 🌐 museocerralbo.mcu.es

星级推荐

位于 19 世纪豪宅中的塞拉尔包美术馆，是一座令人惊艳的私人博物馆。它昔日的主人塞拉尔包伯爵是一位文学家、政治家和旅行者，他热爱收藏旅行中的各类物品，也因此累积了大量的珍宝。

伯爵于 1922 年过世，他将自己的家和收藏全数捐给西班牙政府，只要求对方保留他当初布置的模样，因此今日前往参观的游客依旧可以通过留下来的线索猜测伯爵的逻辑，并想象其贵族奢华的生活。层层高挂的绘画里头包括了埃尔·葛雷科的《狂喜中的圣弗朗西斯》（*Ecstasy of St Francis of Assisi*），以及苏巴兰（Zurbarán）等西班牙大师的作品，还有琳琅满目的收藏，像欧洲和日本的盔甲、武器、手表、时钟、烟斗以及各种稀奇古怪的东西。撇开这些东西不说，光是装饰华丽的厅房就相当值得一看。

狄波神殿

🏠 Jardines del Templo de Debod, Calle Ferraz 1
🚇 搭乘地铁3、10号线在Plaza de España站下车，后步行约7分钟可达
☎ 91-3667415
🕐 4—9月10:00–14:00、18:00–20:00，10月至次年3月9:45–13:45、16:15–18:15
¥ 免费
🌐 www.madrid.es

位于西班牙广场西侧的公园绿地上，这座原本建在埃及，距离亚斯文以南15千米的神庙，是一座献给伊西斯女神（Isis）的重要宗教中心。埃及政府于1968年将狄波神殿作为礼物捐赠给西班牙。历经费时的搬运和重组工程后，狄波神殿终于在1972年7月18日重见天日。尽管重生后的模样和当初耸立于埃及时不大相同，这座神殿还是保留了埃及古文明的遗韵。

如今在神庙内可以依稀看见四周墙面装饰的壁画，主题主要是阿迪哈拉马尼国王向伊西斯女神、奥西里斯、阿蒙神等神祇献上香、面包、牛奶、项圈等各类祭品与礼物。另外在底层的最内部，依旧保留着托勒密王朝时的阿蒙神神殿，其壁龛昔日供奉着阿蒙神神像，过去只有祭司才能进入，是整座神殿中最神圣的地方。

佛罗里达的圣安东尼奥礼拜堂

🏠 Glorieta de San Antonio de la Florida 5

🚇 搭乘地铁 6、10、R 号线在 Príncipe Pío 站下车，后步行约 7 分钟可达

☎ 91-5420722

🕐 周二至周五 9:30-20:00、周六、周日 10:00-14:00（周一和假日休息）

💰 免费

🌐 www.munimadrid.es/ermita

　　圣安东尼奥礼拜堂于 1792—1798 年间由卡洛斯四世（Charles Ⅳ of Spain）下令兴建，建筑师费利佩·丰塔纳（Felipe Fontana）将它设计成新古典主义风貌，它之所以声名大噪，是因为点缀其中、出自戈雅之手的屋顶壁画。不同于其他教堂富丽堂皇的装饰，戈雅以极其细腻的笔法，描绘出动人的生活化景象。位于中央的拱顶上的画，主要叙述两大主题：身旁围绕着村民的圣安东尼让一位自杀的男子复活以证明他父亲的清白；少女的守护神。壁画以大自然风光为背景，并增添当地传统节庆时的景象，巧妙融合了艺术与大众习俗，画中人物充满表现力的肢体语言与丰富的表情更是戏剧张力十足。

太阳门广场

- ⌂ Puerta del Sol
- 🚇 搭地铁 1、2、3 号线于 Sol 站下车
- 🕐 全天
- ¥ 免费

星级推荐

　　太阳门是马德里的中心点，通往西班牙各地所有公路标示的距离，便是由此开始计算，你可以在广场的市政厅门口人行道上发现一块"0 千米"的地砖，是 16 世纪由国王菲利普二世所设立。

　　由此开始，共有 6 条大马路呈放射状延伸到市区，这里不但是政府机关聚集的区域，还是一个大型的商业区。

　　太阳门便是马德里人约会和购物的主要地点，因此平日人潮汹涌，游客要注意保管好个人财物。值得一提的是，这里同时也是西班牙人跨年的场所，根据传统，每人会拿着 12 粒葡萄，随钟声敲响一次吃下一粒，以此迎接新一年的到来。

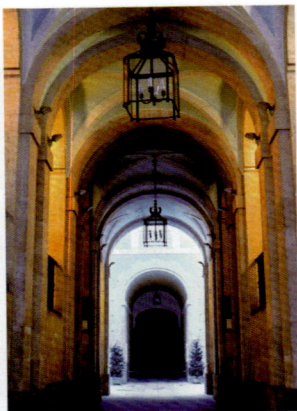

**圣费南度
皇家美术
学院**

🏠 Calle de Alcalá 13

🚇 搭地铁 1、2、3 号线于 Sol 站下车，后
步行约 2 分钟

☎ 91-5240864

🕐 周二至周六 9:00-15:00、周日和假日 9:00-
14:30

💰 全票 5 欧元、优惠票 2.5 欧元

🔗 Rabasf.insde.es

必游之地 MUST-VISIT PLACES

　　目的在于培育优秀的画家并保护西班牙艺术的圣费
南度皇家美术学院，由皇室下令于 1744 年创立。20 多年
后，卡洛斯三世不惜重金买下今日这栋位于阿卡拉大道
上的巴洛克式宫殿，交由建筑师迪亚哥特维亚努巴（Diego
de Villanueva）并将其改建为美术学院，使其成为许多西
班牙艺术大师的摇篮，其中毕加索和达利等人都曾在此
学习。该学院不但是马德里艺术学校的总部，如今更作
为博物馆和艺廊对民众开放。

　　当初为了让学生可以有学习和临摹的对象，圣费南
度皇家美术学院收藏了许多大师的名画，其中最精彩的
要数 16—19 世纪的西班牙绘画，像是苏巴兰、慕里欧、
埃尔·葛雷科等人的作品。此外，由于戈雅曾经在此担
任要职，因此有一间展览室专门展出他的作品，这间展
览室是参观美术学院的重点，鲁本斯、泛戴克以及丁特
列托等人的作品也不容错过。

马约尔主广场

🚇 搭地铁 1、2、3 号线于 Sol 站下车，后步行约 5 分钟

★ 星级推荐

　　四周环绕着三层楼高的建筑的马约尔主广场，过去是皇室举办各种节庆活动以及举办斗牛、行刑的主要场所，237 座面对广场的阳台正是为此设计，而它多达 9 条道的入口，是用来疏散大量聚集的人群。如今这座中央耸立菲利浦三世雕像的古典广场，林立着各种露天咖啡馆与餐厅。

　　广场上常有许多年轻人在此晒太阳或唱歌跳舞，一旁还有替人画肖像的街头艺人在招呼游客，为主广场添加了艺术的气息。由于主广场位于马德里的旧区，可以看到许多颇具历史的酒馆（Taberna），它们通常是相当传统的餐厅或酒吧，有些还提供佛拉门科舞的表演。

圣伊西多罗大教堂

🏠 Colegiata de San Isidro

🚇 搭地铁 5 号线于 La Latina 站下车，后步行约 3 分钟

🕐 夏季周一至周六 7:30-13:00、19:00-21:00，周日和假日 9:00-13:30、19:00-21:00；
冬季周一至周六 7:30-13:00、18:00-21:00，周日和假日 9:00-14:30、18:00-21:00

💰 免费

　　距离主广场步行不过几分钟的时间，这栋拥有双塔的巴洛克式教堂耸立于马德里巷道狭窄的市中心，挑高了这座城市的天际线。

　　从 19 世纪末到 20 世纪末，在阿穆德纳圣母大教堂落成以前，这里一直扮演着马德里大教堂的角色，事实上创立于 17 世纪的它，是西班牙第一座耶稣会教堂，由卡洛斯一世（即神圣帝国皇帝查理五世）的女儿玛利亚郡主出资兴建。后来耶稣会遭到驱逐，这里成为供奉守护马德里的圣人"劳动者伊西多罗"（Isidore the Laborer）的教堂，教堂里长眠着这位圣人和他妻子的遗体。

　　伊西多罗是一位生活于 12 世纪的农民，一生做过无数奇迹般的事，包括让孩童死而复生以及使岩石产生涌泉等，因此被供奉为雨神和治疗之神。每年 5 月 15 日伊西多罗节时，马德里都会举办长达好几天的斗牛活动加以庆祝。

跳蚤市场 ♥

🏠 Calle de la Ribera de Curtidores
🚇 搭地铁 5 号线于 La Latina 站下车
🕐 每周日与假日 9:00–15:00
🌐 www.elrastro.org

　　马德里的周日跳蚤市场，就数这里规模最大，想要寻宝或想淘些稀奇古怪的东西，来跳蚤市场准没错。从中古世纪开始，这里就有市集的存在，市场自卡斯克罗广场（Plaza de Cascorro）开始，主要的露天摊位和商家在里贝拉德古蒂多雷斯街（Calle de la Ribera de Curtidores）和大使街（Calle de los Embajadores）这两条街上。出售二手服饰、皮衣、皮具、嬉皮风的饰品与古董等，虽然说这里比欧洲其他地方的跳蚤市场的价格低，但还是别忘了狠狠杀价一番！

普拉多美术馆

🏠 Calle Ruiz de Alarcón 23
🚇 搭地铁 1 号线于 Atocha 站或 2 号线于 Banco de España 下车，后步行约 8 分钟可达
☎ 91-3302800
🕐 周二至周日 9:00–20:00，1 月 6 日、圣诞夜和 12 月 31 日 14:00 闭馆（周一及节假日休息）
💰 全票 8 欧元、优惠票 4 欧元
🖥 www.museodelprado.es
❗ 博物馆免费提供实用的导览地图，请记得索取，或可在美术馆内的纪念品店购买更详细的导览书

必游之地
MUST-VISIT PLACES

　　建于 18 世纪的普拉多美术馆被认为是世界上最伟大的博物馆之一，拥有全世界最完整的西班牙艺术作品，其中包括约 7600 幅画作、4800 件印刷品、8200 张素描，以及 1000 件雕塑，馆藏之丰富令人叹为观止。然而当中最引人注目的，自然是 12—19 世纪的西班牙绘画，里面不乏委拉斯奎兹、戈雅和埃尔·葛雷科等大师的巨作，委拉斯奎兹所绘的《仕女图》（*Las Meninas, Diego de Silva Velázquez*）更为镇馆之宝，另外，收藏于索菲娅王妃艺术中心的毕加索的《格尔尼卡》（*Guernica*）也曾经在普拉多美术馆展出。此外，这里也收藏了大量的外国艺术家的画作，例如意大利、法国、荷兰、德国以及比利时等画派。

阿卡拉门

🚶 Plaza de Independencia

🚇 搭地铁 2 号线于 Retiro 站下车，后步行约 1 分钟可达

　　坐落于独立广场上，新古典主义风格的阿卡拉门，由弗朗西斯科·萨巴提尼设计。名称来自于昔日连接马德里和附近城镇阿尔卡拉·德·埃纳雷斯（Alcalá de Henares）的小径。1774 年，卡洛斯三世决定建一座崭新的城门，取代那座既小又窄的城门。阿卡拉门于 1778 年宣告落成，和皇宫一样以花岗石建成，分为 5 扇的城门，中央 3 扇为圆拱状，顶部装饰着狮子。城门晚上会有灯光投射，分外美丽，天气好时，可以从城门洞拍摄街景。

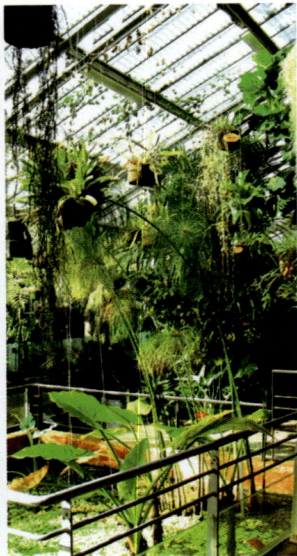

皇家植物园

🏠 Plaza de Murillo 2

🚇 搭地铁 1 号线于 Atocha 站下车，后步行约 5 分钟可达

☎ 91-4203017

🕐 1 月、2 月、11 月、12 月 10:00-18:00，3 月、10 月 10:00-19:00，4 月、9 月 10:00-20:00，5—8 月 10:00-21:00（元旦和圣诞节休息）

💰 全票 2.5 欧元、优惠票 1.25 欧元

🌐 www.rjb.csic.es

星级推荐

　　普拉多大道素以绿意著称，植物园更增添它大自然的气息。1781 年，卡洛斯三世考虑到要保存植物的品种和分布的历史与艺术价值，下令创立这座植物园，以当作研究植物的中心。事实上，它不是西班牙历史上的第一座植物园，1755 年时，费南度六世就曾经打造过一座，后来植物园被卡洛斯三世搬到了今日的位置。

　　来自世界各地的 3 万种植物，如今分布在有 4 种分层的园区内，随季节绽放或结果，也因此园内全年展现不同的风情。温室内的热带植物，从仙人掌、兰花到纸莎草应有尽有，位于园内深处的主建筑，不定期展出与植物相关的展览。静谧是皇家植物园最大的特色，到此散步或野餐，都是不错的选择。

雷提洛公园

🚇 搭地铁 2 号线于 Retiro 站下车，后步行约 1 分钟可达

¥ 免费

星级推荐

雷提洛公园坐落在马德里市区的东边，是一个占地约 1.17 平方千米的大型公园。这里原本是菲利普二世的夏宫，其后的国王也在此度过不少愉快的时光。当时这座皇室公园还位于马德里的城墙之外，如今随着城市扩建，这里反而成为市民假日休闲的市区公园。

1868 年，雷提洛公园对民众开放，除了部分为法式庭园风格的建筑外，其他多采取自然造景，公园内点缀着美丽的雕像、喷泉和一座水池，假日时总挤满前来晒太阳、野餐的市民，街头艺人和算命师更让公园的气氛热闹不已。昔日的夏宫在拿破仑战争时遭到破坏，只剩下两栋建筑，分别改设为武器博物馆和绘画博物馆。而为了 1887 年万国博览会而兴建的水晶宫 (Palacio de Cristal)，如今供临时展览使用。

提森·波尼米萨美术馆

⌂ Palacio de Villahermosa, Paseo del Prado 8

🚇 搭地铁 2 号线于 Banco de España 站下车，后步行约 5 分钟可达

☎ 91-3690151

🕐 周二至周六 10:00-19:00，圣诞夜和 12 月 31 日 15:00 闭馆（周一及节假日休息）

¥ 永久展全票 8 欧元、优惠票 5.5 欧元，另有永久展与临时展套票，价格视展览不同而异

🌐 www.museothyssen.org

星级推荐

　　美术馆今日所在的建筑，前身原是一栋 18 世纪的宫殿——比利亚埃尔莫萨宫（Palacio de Villahermosa），后经由西班牙建筑师改建成今日的模样。

　　与其他美术馆不同的是，提森·波尼米萨的参观路线是从顶层开始，收藏品也依年代顺序往下排列。位于 2 楼的是 13—17 世纪的早期意大利画作，例如多梅尼哥·基尔兰达约的《托纳布欧尼的肖像》等；1 楼展出的则是 17—20 世纪初的作品，特别是荷兰派、德国表现主义和法国印象派画作，包括凡·高的《奥维的风光》(*Les Vessenots*)、窦加的《芭蕾舞者》(*Bailarina Basculando*)，以及德国表现主义先驱恩斯特·路德维格·基尔希纳（Ernst Ludwig Kirchner）的名作；地面展出的是 20 世纪的现代作品，包括毕加索、达利、米罗、蒙德里安等立体派、超现实主义大师的作品。

索菲娅王妃艺术中心

🏠 Calle Santa Isabel 52

🚇 搭地铁 1 号线于 Atocha 站下车，后步行约 1 分钟可达

☎ 91-7741000

🕐 周一、周三至周六 10:00-21:00，周日 10:00-14:30，1 月 6 日、圣诞夜和 12 月 31 日 14:00 闭馆（周二及节假日休息）

💰 永久展和临时展套票 6 欧元、优惠票 3 欧元，临时展全票 3 欧元、优惠票 1.5 欧元

🌐 www.museoreinaso-a.es

星级推荐

　　索菲娅王妃艺术中心是全球数一数二的重量级现代美术馆，主要收藏 20 世纪的西班牙艺术作品，特别是全球知名画家毕加索、达利和胡安·米罗的画作，还有西班牙先锋画家安东尼·塔比埃斯、立体主义代表胡安·格里斯，以及超现实主义、唯美主义等画派的近代艺术家的作品。其中，毕加索的《格尔尼卡》为镇馆之宝。

哥伦布广场

🚇 搭地铁 4 号线于 Colón 站下车即可达

星级推荐

　　位于马德里以北，这处最初名为圣地亚哥广场的地方，于 1893 年为纪念哥伦布而更名。广场上的哥伦布纪念碑落成于 1885 年，这位伟大的航海家站在高塔上遥指着西方，标示着他前往加勒比海的道路方向。

　　延伸于哥伦布广场和希比雷斯广场的雷克列托步道，是一条美丽的徒步街，和普拉多大道诞生于同一时期。它原本通往一座 18 世纪的巴洛克式城门，但城门毁于法国军队之手。如今这条满是绿荫、雕像、喷泉的步道，不但白天充满悠闲的气氛，入夜后的盏盏灯火，更给人相当浪漫的感受。

塞拉诺街

🚇 搭地铁 4 号线于 Colón 站下车，后步行约 3 分钟可达

星级推荐

　　想要大肆挥霍、满足购物欲望的年轻女性，可别忘了到塞拉诺街来体验一番。这条标准的精品名店街，两旁林立着商店，从西班牙最具代表性的罗意威皮革制品、扬科皮鞋和阿道夫·多明格斯高级服饰，到贴身衣物女人秘密、平价时尚品牌 Zara，甚至聚集各大名牌的英国宫等高级百货公司，在此"一"字排开，让人想"全身而退"都很难。

凡塔斯斗牛场	
	🏠 Calle Alcalá 237
	🚇 搭地铁 2、5 号线于 Ventas 站下车，后步行约 3 分钟可达
	☎ 91-3562200
	🕐 斗牛场仅在斗牛赛举办时开放，平时并不开放参观。斗牛博物馆 3—10 月周二至周五 9:30-14:30，周日和假日 10:00-13:00；11 月至次年 2 月周一至周五 9:30-14:30
	💰 斗牛赛视不同座位和比赛而异，费用为 2.2 ~ 63.9 欧元
	🌐 www.las-ventas.com

　　马德里的凡塔斯斗牛场可以说是世界上最重要的斗牛场，每年 3—10 月的周日都会举办斗牛比赛，尤其是在 5 月的圣伊西多罗节 (Fiestas de San Isidro) 庆典期间，更是每天都上演热闹滚滚的斗牛赛。斗牛赛于下午六七点钟开始，会持续两三个小时之久。

　　凡塔斯斗牛场建于公元 1929 年，是座外观用红砖砌成、宗教色彩风格的建筑。拥有 25 000 个座位的它分成 10 个区域，于 1931 年正式启用。斗牛场前的广场竖立着两尊雕像，是西班牙著名的斗牛士。此外，一旁还附设斗牛博物馆 (Museo Taurino)，展出大量与斗牛相关的史迹和用具，如果错失凡塔斯的斗牛季，还可以到这里参观。

住在马德里

胡萨佩索艺术酒店
Husa Paseo del Arte
★★★★

🏠 Atocha 123
☎ 91-2984800
🌐 Hotelhusapaseodelarte.com

2006 年开始营业，这家风格时尚的四星级酒店拥有极佳的地理位置，距离国立索菲娅王妃艺术中心和普拉多大道不过几步之遥，步行前往阿托查火车站只需要 5 分钟左右。

皇家别墅酒店
Hotel Villa Real
★★★★★

🏠 Plaza de las Cortes 10
☎ 91-4203767
🌐 www.derbyhotels.com

坐落于太阳门广场和提森·波尼米索美术馆之间，和其他几家强调时尚的酒店不同，皇家别墅酒店着重温暖贴心的服务，在它的 115 间客房中，部分套房以高低落差区隔起居室和卧室，增加了空间的趣味性。酒店内可以发现多达 40 幅完美修复的马赛克镶嵌画，装饰着里里外外的空间。

都市酒店
Hotel Urban
★★★★★

🏠 Carrera de San Jerónimo 34
☎ 91-7877770
🌐 www.hotelurban.com

距离太阳门广场不过几百米远的都市酒店，是一座以金属和玻璃帷幕打造而成的现代都市酒店。内部采用装饰艺术 (Art-Deco) 风格，102 间客房分别有古埃及雕像、非洲土著人像、亚洲佛像。此外，饭店内还附设一座埃及博物馆，并展出一系列的古艺术收藏品。

丽兹酒店
Hotel Ritz
★★★★★

🏠 Plaza de la Lealtad 5
☎ 91-7016767
🌐 www.ritzmadrid.com

紧邻普拉多美术馆，外形犹如一座巴洛克城堡的丽兹酒店，是世界名流前往马德里最爱的落脚地之一。1910 年时，阿方索十三世国王下令兴建这个饭店，让当地的上流社会有了另一处舒适的聚会地点。拥有 137 间客房和 30 间套房，丽兹酒店绝对是马德里酒店界的奢华代名词，高雅的水晶吊灯和厚重的窗帘，让人仿佛入住皇宫一般。

佩蒂特宫公爵酒店
Petit Palace Ducal
★★★

🏠 Calle Hortaleza 3
☎ 91-5211043
🌐 www.hthoteles.com

这家位于古兰维大道旁的酒店，拥有 58 间客房，虽评定为三星级，却拥有相当舒适的高科技设备：客房内配备计算机、运动脚踏车、具备水疗按摩功能的淋浴间等，因此相当受到顾客欢迎。

阿罗萨酒店
Hotel Arosa
★★★★

🏠 Salud 21 (Gran Vía, 29)
☎ 91-5321600
🌐 www.hotelarosa.es

位于热闹的古兰维大道旁的小巷，拥有便利的位置，却无须直接面对大马路的嘈杂。阿罗萨酒店是一间温馨宜人的中型酒店，拥有 126 间客房，部分面对古兰维大道的套房有一座小阳台，天气晴朗时能坐看大道风光。除了现代化设施外，饭店还提供免费 Wi-Fi 以及机场接驳巴士等贴心服务。

吃在马德里

El Restaurante Botín

- 🏠 Calle de los Cuchilleros 17
- 🚇 搭乘地铁 1、2、3 号线在 Sol 站或 2、5、R 号线在 Ópera 站下，后步行约 10 分钟可达
- ☎ 91-3664217
- 🕐 13:00-16:00、20:00 至次日凌晨（圣诞夜和 12 月 31 日休息）
- 🌐 www.botin.es

　　根据《吉尼斯世界纪录大全》的记载，波丁餐厅是全世界最古老的餐厅，早在公元 1725 年即已开业。这家来头不小的餐厅，拥有 200 多年的历史。现今的波丁餐厅在内部陈设上仍保有传统的古典酒馆装潢，从昔日地下室酒窖改建成餐厅，以及 1、2 楼镶有木雕装饰的陈设，不难感受其悠久的历史气氛。波丁餐厅如此出名，其服务也非常亲切。烤乳猪是这里的招牌菜，千万别错过了。

Casa Ciriaco

- 🏠 Calle Mayor 84
- 🚇 搭地铁 2、5、R 号线在 Ópera 站下，后步行约 7 分钟可达
- ☎ 91-5480620
- 🕐 周四至下周二 13:00-16:00、20:00 至次日凌晨

　　这家创立于 1916 年的餐厅，主要供应卡斯提亚地方菜，它在马德里深受欢迎的程度，可以从来访的客人包括艺术家、政治人物、斗牛士甚至皇室家族中看出端倪，除了名人外也包含社会各领域的人物。餐厅的每日套餐包括炖菜，该餐厅的招牌菜是以特殊汤头熬煮的鸡肉料理。

Café de Oriente

- 🏠 Plaza de Oriente 2
- 🚇 搭乘地铁 2、5、R 号线在 Ópera 站下，后步行约 5 分钟可达
- ☎ 91-5413974
- 🕐 周一至周四、周日 8:30 至次日 1:30，周五和周六 8:30 至次日 2:30
- 🌐 www.cafedeoriente.es

　　位于东方广场旁、拥有欣赏皇宫视野的东方咖啡馆，每当天气晴朗时，总吸引无数游客前来喝咖啡。由 16 世纪的修道院改建而成，昔日的修道院厨房与酒窖整修为供应法国巴斯克地区料理的餐厅，楼上则提供卡斯提亚菜。尽管露天座位风光明媚，然而装饰嵌板和红色软沙发的室内也相当舒适，皇室成员和外交官都是它的座上宾。

La Gloria de Montera

- 🏠 Calle Caballero de Gracia
- 🚇 搭地铁 1、5 号线在 Gran Via 站下，后步行约 2 分钟可达
- ☎ 91-5234407
- 🕐 10:00-16:00、20:30-23:45（圣诞夜、圣诞节、12 月 31 日和元旦休息）
- 🌐 www.lagloriademontera.com

　　这是一家非常优雅的时尚餐厅，招牌菜包括羊奶酪蜂蜜醋汁沙拉、纸包海鲜以及意式鲑鱼薄片等，由于午餐套餐只要 10 欧元，总吸引人们大排长龙，晚餐时段则恢复单点。

Museo de Jamón
- Plaza Mayor 17–18
- 搭乘地铁 1、2、3 号线在 Sol 站或 2、5、R 号线在 Ópera 站下，后步行约 7 分钟可达
- 91-5422632
- 商店 9:00 至次日 1:00，餐厅 13:00 至次日凌晨
- www.museodeljamon.com

　　这家位于主广场上的分店，表面上看来店面并不大，事实上还有地下一整层的空间。餐厅内挂满火腿的景象相当壮观，除了可以品尝各种火腿外，餐厅平日还提供价格非常便宜的每日套餐，不到 10 欧元却能吃到前菜、肉类主菜、饮料、面包和甜点，相当划算。

Cervecería Bar Atocha
- Calle de Atocha 118
- 搭乘地铁 1 号线在 Atocha 站下，后步行约 3 分钟可达
- 91-5275048
- 9:30-23:00

　　阿托查啤酒屋酒吧位于阿托查路靠近卡洛斯五世广场的地方，是参观完索菲娅王妃艺术中心后休息用餐的好地方。长方形的室内空间灯光明亮，摆满酒的吧台是当地人下班后前来喝一杯的好地方。

Chocolatería San Ginés
- Pasadizo de San Ginés 5
- 搭乘地铁 1、2、3 号线在 Sol 站或 2、5、R 号线在 Ópera 站下，后步行约 5 分钟可达
- 91-3656546
- 平日 9:30 至次日 7:00，周末与假日 9:00 至次日 7:00

　　这家热巧克力专卖店在马德里享有盛名。隐藏于太阳门附近的一条小通道中，小小的店门口总是挤满了排队点餐的人们，而它户外的空间，更绵延了一长排露天座位，无论室内或室外，经常座无虚席。巧克力店主要供应又浓又稠的热巧克力和吉拿果（Churros），后者在当地被当成早餐，非常适合搭配热巧克力，把它拿来蘸热巧克力，是当地人特殊的吃法。

La Bola
- Calle Bola 5
- 搭乘地铁 2、5、R 号线在 Ópera 站下，后步行约 3 分钟可达
- 91-5476930
- 13:00-16:00、20:30-23:00（周日和圣诞夜晚上休息）
- www.labola.es

　　位于皇室化身修道院附近一条同名街道的转角，这栋外观红色的建筑相当引人注目。于 1870 年开业，是一家历史悠久的餐厅，亲切的服务生、来自威尼斯的水晶以及厚重的丝绒至今让店内的装潢依旧洋溢着古典的气氛。传统的大杂烩（Cocido）是该餐厅最吸引人的地方，这道以陶锅盛装、木柴加热的料理，是首选，据说每天可卖出 200 多份。

Chocolatería Valor
- Calle Postigo de San Martín 7
- 搭地铁 3、5 号线在 Callao 站下，后步行约 3 分钟可达
- 91-5229288
- 周一至周五 8:00-22:30，周末 9:00 至次日 1:00
- www.valor.es

　　这是一家热巧克力专卖店，同样供应热巧克力和吉拿果。薇乐（Valor）是西班牙著名的巧克力商，创立于 1881 年，店内采用 100% 可可制造的热巧克力，少了甜腻感，多了点苦味的芬芳。除了热巧克力外，薇乐还有许多以巧克力为材料的花式饮品，另外也提供令女生疯狂的热巧克力锅。

Fresc Co
- Calle Caballero de Gracia 8
- 搭地铁 1、5 号线在 Gran Via 站下，后步行约 2 分钟可达
- 91-5216052
- 12:30 至次日 1:00
- www.frescco.com

　　这是西班牙连锁餐厅，对于预算较少或不希望受到用餐时间限制的游客来说，是一个相当棒的选择，即使假日人均也不过 11 欧元左右，相当划算。该店位于古兰维大道旁的巷子里，是太阳门附近不错的用餐选择。

购在马德里

La Vida es Sueño
- 🏠 Calle Mayor 59
- 🚇 搭乘地铁 1、2、3 号线在 Sol 站或 2、5、R 号线在 Ópera 站下，后步行约 5 分钟可达
- ☎ 91-3641682
- ⏰ 周一、周二、周四 11:00-20:00，周五 11:00-20:30，周六 11:00-21:00，周日 11:00-16:00（周三休息）

在林立着多家纪念品专卖店的主街上，这家名为"人生如梦"的店是其中最有特色的商店之一。不算大的门面橱窗内摆满琳琅满目的商品，让人忍不住入内一探究竟，各种委拉斯奎兹《仕女画》中的小公主造型瓷器，造型之多几乎成了另类的小型博物馆。还有马德里街道上高挂的彩绘瓷砖路牌、蹦蹦跳跳的斗牛士与斗牛玩具、色彩缤纷的扇子，想替亲友选购伴手礼的人千万别错过。

Women's secret
- 🏠 Calle del Arenal 9
- 🚇 搭乘地铁 1、2、3 号线在 Sol 站下，后步行约 3 分钟可达
- ☎ 91-3667080
- ⏰ 周一至周六 10:00-21:00
- 🌐 www.womensecret.com

西班牙睡衣品牌女人秘密以 20～40 岁的女性为主要顾客，店内售卖各式各样舒适的居家衣物，从贴身衣裤、睡衣、背心、浴袍到泳衣一应俱全，还会推出搭配睡衣的同款拖鞋。由于风格多样，且超甜美、可爱、性感，相当受到女性的喜爱。

Mango
- 🏠 Calle del Preciados 10
- 🚇 搭乘地铁 1、2、3 号线在 Sol 站下，后步行约 3 分钟可达
- ☎ 91-5229335
- ⏰ 周一至周六 10:00-21:00，周日和假日 12:00-20:00
- 🌐 www.mango.com

在国内就有无数拥护者的 Mango，更是国人前往西班牙必去的购物地点。Mango 除了我们在国内常见的款式外，事实上它也和其他品牌或国外设计师有跨界合作，比如 Nike 等。它在马德里的分店多达十几家，这家位于太阳门附近的分店，以设计较正式或高质感的服饰为主，适合上班族选购。

Bershka
- 🏠 Gran Vía 25
- 🚇 搭乘地铁 1、5 号线在 Gran Vía 站下，后步行约 1 分钟可达
- ☎ 91-3604987
- ⏰ 周一至周六 10:00-21:30，周日和假日 12:00-21:00
- 🌐 www.bershka.com

巴适卡是 Zara 的姐妹品牌，它会让喜欢购物的人陷入疯狂。拥有充满设计感的时尚款式，却有着非常亲民的价钱，一件毛衣或外套 39 欧元起。它在马德里拥有多家分店，这家是最大的一家，4 层楼中除女装外还有男装与童装。

El Corte Inglés

- 🏠 Calle del Preciados 1-3
- 🚇 搭乘地铁 1、2、3 号线在 Sol 站下，后步行约 2 分钟可达
- ☎ 91-3798000
- 🕐 周一至周六 10:00-22:00，周日和假日 11:00-21:00
- 🌐 www.elcorteingles.es

西班牙最大的百货公司集团是英国宫，有它的地方就表示是该市的市中心或闹区。英国宫在马德里里有两家，一是位于太阳门广场上的这家，横跨好几栋建筑，里面从生鲜超市、化妆品店、服饰店、电器店到书店等一应俱全，相当好逛。另一家则是位于名牌齐聚的塞拉诺街。

Mariano Madrueño

- 🏠 Postigo de San Martín 3
- 🚇 搭乘地铁 3、5 号线在 Callos 站下，后步行约 2 分钟可达
- ☎ 91-5211955
- 🕐 周一至周六 10:00-14:00、17:00-21:00，周日和假日 10:30-14:30、7:30-21:00（元旦、圣诞节和 7~8 月休息）
- 🌐 www.marianomadrueno.es

这家葡萄酒专卖店坐落于皇室赤足女子修道院附近，创立于 19 世纪末的它，至今依旧保留着昔日的装潢。原本不算小的空间，却因为挤满葡萄酒的高大酒柜而显得局促，尽管如此，它却因为售卖西班牙各地各种等级的葡萄酒以及利口酒且物美价廉而人潮不断，是马德里里最著名的酒类专卖店。

Timyr

- 🏠 Felipe IV 3
- 🚇 搭乘地铁 2 号线在 Banco de España 站下，后步行约 10 分钟可达
- ☎ 91-5316596
- 🕐 周一至周六 10:00-13:30、15:30-19:30，周日和假日 10:00-13:00

这家位于普拉多美术馆附近、丽兹酒店旁的商店，店内有着罗意威、赛琳、巴宝莉、看步等品牌精品，不过最值得推荐的是该店自产的皮具，包括零钱包、皮夹、首饰匣等，做工精美且价格合理，非常适合当伴手礼。

Loewe

- 🏠 Calle de Serrano 26 & 34
- 🚇 搭乘地铁 4 号线在 Serrano 站下，后步行 1~3 分钟可达
- ☎ 91-5776056
- 🕐 周一至周六 9:30-20:30（周日和假日休息）
- 🌐 www.loewe.com

替西班牙皇室生产皮具的罗意威，自然不能在精品店齐聚的塞拉诺街上缺席，它在两条街的交会口，各有一家分店，前者以皮具为主，是马德里所有分店中货色最齐全的一家；后者则主要为售卖男性服饰与配件。

El Jardín de Serrano

- 🏠 Calle de Goya
- 🚇 搭乘地铁 4 号线在 Serrano 站下，后步行约 1 分钟可达
- ☎ 91-5770012
- 🕐 周一至周六 9:30-21:30（周日和假日休息）
- 🌐 www.jardindeserrano.es

这家位于塞拉诺街附近的购物商场，虽然只有两层楼的规模，却是当地著名的高级购物中心。古色古香的外观，里头有 20 家左右的商店，包括男女服饰店 Alfaro、首饰店 Agatha、童装店 Jupi、配件与鞋店 Corner 和 Lottusse 以及几家餐厅和咖啡馆，此外，这里还有一家艺廊。

Ágatha Ruiz de la Prada

- 🏠 Calle Serrano 27
- 🚇 搭乘地铁 4 号线在 Serrano 站下，后步行约 3 分钟可达
- ☎ 91-3190501
- 🕐 9 月至次年 7 月周一至周六 10:00-20:30；8 月周一至周五 10:00-14:00、17:00-20:00，周六 10:00-14:00（周日和假日休息）
- 🌐 www.agatharuizdelaprada.com

出生于马德里，这位在国际享有名气的西班牙设计师，大量采用心形和星星等图案以及梦幻的桃红色设计作品。走过一道阶梯进入位于地下室的店面，挑高的室内空间给人一种进入艺廊的感受，店内主要分为两个部分，售卖年轻女性和儿童的服饰与配件。

托莱多

托莱多距离马德里不过70千米，曾经是西班牙的首都。它坐落于7座山丘上，三面环河、后拥城墙，优越的地理位置使它轻而易举地成为人们眼中的防御要冲，也因此，托莱多在历史上一直都扮演着重要的角色。

漫长的历史让托莱多拥有无数珍贵的遗产，其中特别是融合了伊斯兰教、天主教和犹太教的多元文化，使得它拥有"三个文化城"的美誉。除此之外，托莱多更因为埃尔·格列柯（El Greco）的定居而声名大噪，这位诞生于希腊克里特岛的画家，为了谋职而来到西班牙，后来在此度过长达40年的岁月。因此除了故居之外，他最杰出的作品之一《奥格斯伯爵的葬礼》也收藏于托莱多的圣托美教堂之中。

精华景点

圣十字美术馆

- Calle Miguel de Cervantes 3
- 从索科多佛广场步行前往约 1 分钟可达
- 92-5221036
- 周一至周六 10:00-18:30，周日和假日 10:00-14:00
- 全票 10 欧元、优惠票 5 欧元
- www.patrimoniohistoricoclm.es

美术馆的室内空间主要分为三大部分：艺术区、考古区和装饰艺术区。在艺术区中收藏着大量的中世纪雕刻与绘画，其中最受欢迎的是一系列埃尔·格列柯的画作，包括《圣母升天图》(La Asunción)。存放不同古生物和考古发现的考古区目前暂时关闭，不对外开放。至于装饰艺术区则展示了许多重要的陶器、瓷砖、织物、铁器和金银手工艺品，此区有时也被当作临时展览厅使用。美术馆内气氛静谧，时间充裕的人不妨到此逛逛。

索科多佛广场

- Plaza de Zocodover
- 可从火车站或巴士站搭乘 5 号巴士前往

索科多佛广场是托莱多的主广场，其名称源自于阿拉伯文，意思是"驮兽集市"，因为过去在摩尔人统治下，这里是一座牲畜市场。广场的历史最早可以追溯到天主教双王时期，不过西班牙内战后经历过重建。它是托莱多人举办斗牛比赛、节庆活动的场所，过去曾是执行火刑的地方。1465—1960 年间，它一直是周二集市的所在地，不过该集市目前已移往他处。如今广场四周环绕着露天咖啡馆和餐厅。

白色的圣母玛丽亚教堂

🏠 Reyes Católicos, 4
🚍 从索科多佛广场步行前往约 17 分钟可达
☎ 92-5227257
🕐 3 月 1 日至 10 月 15 日 10:00-18:45，10 月 16 日至次年 2 月 28 日 10:00-17:45
💴 每人 2.5 欧元

白色的圣母玛丽亚教堂原址本是一座犹太教堂。14 世纪的西班牙曾经屠杀犹太人，犹太教堂也被破坏殆尽，纷纷改建为天主教堂。

1405 年重建的白色的圣母玛丽亚教堂，是托莱多穆德哈式建筑的代表作，尤其是 24 根整齐罗列的八角形雕饰石柱与马蹄形拱门，宛若科尔多瓦清真寺，但其规模不大，气势也没有那么强。

阿卡乍堡

🏠 Calle Unión s/n
🚍 从索科多佛广场步行前往约 2 分钟可达
☎ 92-5238800
🕐 11:00-17:00（周三及节假日休息）
💴 全票 5 欧元、优惠票 2.5 欧元、周日免费

MUST-VISIT PLACES 必游之地

阿卡乍堡位于托莱多的最高点，最初很可能是罗马人所兴建的碉堡，之后随着统治者更迭，城堡的角色也不断转变，但普遍扮演着重要的防御要塞的角色，甚至到了 1936 年西班牙内战期间，这座城堡还成为佛朗哥政权对抗共和政府的根据地之一。

佛朗哥政权夺回城堡后，将它重新翻修成军事博物馆。1、2 楼的房间里展示着各式军服、军用品、枪支和大炮，还播放当时敌军威胁处决指挥官之子、要求指挥官投降的录音对话。此外，碉堡的地下室也布置成当年战争期间供军队使用的病房和寝室。

托莱多大教堂

⌂ Calle Cardenal Cisneros s/n
🚶 从索科多佛广场步行前往约 5 分钟可达
☎ 92-5222241
🕐 周一至周六 10:00-18:30，周日和假日 14:00-18:30
💰 全票 8 欧元，含教堂、大钟等全票 11 欧元
🌐 www.turismocastillalamancha.com
❗ 教堂内部禁止照相

必游之地
MUST-VISIT PLACES

托莱多大教堂是西班牙三大教堂之一，其悠久的历史、雄伟的建筑以及巧夺天工的雕刻，让这座教堂因而享有崇高的声誉。

大教堂内有 4 个地方最为精彩：宝物室（Sala del Tesoro）、圣器室（Sacristía）、唱诗班席（Coro）以及圣职者室（Sala Capitular）。圣体显示台是宝物室中的镇馆之宝，一根根小柱子撑起它六角形的结构，上方雕刻着繁复的天使、圣人、花环和钟等图案。圣器室犹如一座小型的美术馆，除了缀满天顶的美丽湿壁画之外，四周墙上还挂满了出自埃尔·葛瑞科、提香、戈雅等艺术大师的作品。唱诗班席的雕刻分为两个部分，下半部 54 幅浮雕为哥特式样，描绘格拉纳达王朝的战争场面，上半部则属于文艺复兴风格。圣职者室里高挂历任托莱多大主教肖像和耶稣的壁画。除此之外，主祭坛的装饰屏风也值得参观。

圣多美教堂

🏠 Plaza del Conde 4
🚇 从索科多佛广场步行前往约 10 分钟可达
☎ 92-5256098
🕐 3 月 1 日至 10 月 15 日 10:00-18:45，10 月 16 日至次年 2 月 28 日 10:00-17:45
💴 每人 2.5 欧元
🏠 www.santotome.org

这座兴建于 14 世纪的教堂，拥有典型的穆德哈尔式六角形高塔，不过它之所以闻名，并不是因为教堂本身，而是因为收藏了埃尔·格列柯著名的画作——《奥格斯伯爵的葬礼》（*Entierre del Conde de Orgaz*）。

埃尔·格列柯以两种不同画风完成了这幅大作，上层属于葛雷科式的西班牙画风，下层则采用意大利画派画法。《奥格斯伯爵的葬礼》绘制的时间，应该是在伯爵过世 250 年后。这幅画勾勒出的是不真实的葬礼场景，然而在层次分明的作画技巧下，反而增加了可看性。

埃尔·格
列柯
博物馆

🏠 Paseo del Tránsito, s/n

🚇 从索科多佛广场步行前往约 12 分钟可达

☎ 92-5223665

🕐 4 月 1 日至 9 月 30 日周二至周六 9:30-20:00，10 月 1 日至次年 3 月 31 日周二至周六 9:30-18:30；周日和假日 10:00-15:00（周一、元旦、1 月 6 日、5 月 1 日、12 月 24 日、12 月 25 日、12 月 31 日休息）

💴 全票 3 欧元，优惠票 1.5 欧元；与圣母升天教堂联票全票 5 欧元，优惠票 2.5 欧元（周日下午 14:00 起免费入场）

🌐 museodelgreco.mcu.es

　　以往造访托莱多的游客，总是会到埃尔·格列柯故居（Casa-Museo Del Greco）缅怀一下大师。这位 1541 年出生于希腊克里特岛的画家，在 1577 年时来到托莱多，为一座修道院绘制主祭坛，从此和托莱多有了不解之缘。

　　1906 年时，维加·因克兰（Vega Inclán）侯爵买下了埃尔·格列柯故居附近的废墟，加以整修，并搭配这位画家在世时的家具，恢复了他当时的画室模样。这间博物馆里除了追忆画家生活的摆设外，还展出多幅埃尔·格列柯的画作，如《托莱多风景》等。

<table>
<tr><td rowspan="6">

圣母升天教堂 ♥

</td><td>

🏠 Calle Samuel Leví s/n

</td></tr>
<tr><td>🚇 从索科多佛广场步行前往约 12 分钟可达</td></tr>
<tr><td>☎ 92-5223665</td></tr>
<tr><td>🕐 4 月 1 日至 9 月 30 日周二至周六 9:30-20:00，
10 月 1 日至次年 3 月 31 日周二至周六 9:30-
18:30；周日和假日 10:00-15:00（周一、元旦、
5 月 1 日、6 月 1 日、12 月 24 日、12 月 25 日、
12 月 31 日休息）</td></tr>
<tr><td>💴 全票 3 欧元，优惠票 1.5 欧元；与埃尔·格列柯
博物馆联票全票 5 欧元，优惠票 2.5 欧元（周六
下午 14:00 起及周日免费入场）</td></tr>
<tr><td>🌐 www.turismocastillalamancha.com</td></tr>
</table>

星级推荐

　　这栋兴建于 1357 年的犹太教礼拜堂，属于穆德哈尔式风格，如今是塞法尔迪博物馆 (Museo Sefardí)。塞法尔迪指的是住在西班牙的犹太人，如今礼拜堂内共分为 5 个展览室，分别展出与塞法尔迪相关的历史、宗教、服装与习俗。圣母升天教堂不但是伊比利亚犹太人艺术的成果之一，同时拥有全托莱多最出色的穆德哈尔式镶嵌顶棚。最先出现于游客眼前的大厅，从墙壁到天花板延伸着繁复的装饰图案，除了主祭坛点缀着希伯来铭文、伊斯兰装饰植物图案以及卡斯提亚的徽章外，上层还有多达 54 扇小型的马蹄拱拱窗，让人眼花缭乱。

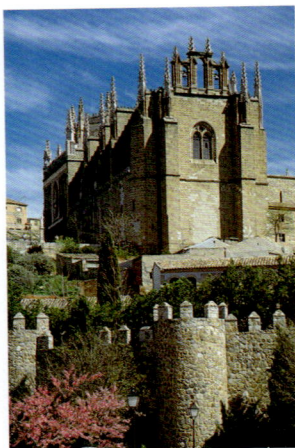

圣胡安皇家修道院

🏠 Calle San Juan de los Reyes 2
🚌 从索科多佛广场步行前往约 20 分钟可达
☎ 92-5223802
🕐 4~10 月 10:00~18:45，11 月至次年 3 月 10:00~17:45
💰 每人 2.5 欧元
🌐 www.sanjuandelosreyes.org

星级推荐

这座融合了哥特式与穆德哈尔式风格的教堂，出自胡安·古阿斯（Juan Güas）的设计，成为托莱多最漂亮同时也是西班牙火焰哥特式建筑的最佳范例之一。教堂内部只有一座中殿，上方装饰着拱形屋顶，至于牧师席则拥有一座星芒状的圆顶。唱诗班席和侧礼拜堂坐落于扶壁之间，连接彼此的袖廊与高坛，同样装饰得非常漂亮。

教堂内的回廊十分值得参观，它是恩里克·埃加斯（Enrique Egas）的杰作，朝中庭开放的四道走廊，装饰着大型的火焰式格状窗，回廊的拱门上有伊莎贝尔样式的装饰，条柱上则刻着天主教统一西班牙后的徽章。回廊 1 楼属于哥特式风格，2 楼则是银匠式风格，色彩缤纷的天顶，装饰着符号、徽章以及天主教双王的名字缩写。此外，修道院外墙上还悬挂着手铐与脚链，它们是自天主教与伊斯兰教政权交战时，从重获自由的天主教徒身上解除的束缚。

塞哥维亚

塞哥维亚，一座风貌独特的城市，位于马德里西北方95千米处，坐落于海拔超过1000米的高地上，这座环绕两条河流的古老城市，仿佛耸立于岩壁上，尤其每到黄昏时刻，由河谷处遥望旧城，更让人有种穿越历史回到中古世纪的感受，塞哥维亚散发着昔日小城镇的迷人风采。

塞哥维亚的名称源自伊比利亚半岛的凯尔特人，首批居民将它命名为Segobriga，意思是"胜利之城"。而它优越的战略位置，更是从中古世纪以来就备受君王青睐的主要原因，因此城内处处可见昔日的皇宫建筑，以及可追溯自罗马时代的古老城墙和水道桥（Acueducto Romano）。

塞哥维亚是15世纪时卡斯提亚王国的重要城市，后来成为天主教双王之一的伊莎贝尔，1474年时就是在此加冕成为卡斯提亚王国的女王，而她所居住的阿卡乍堡，据说是今日迪士尼电影《白雪公主》中城堡的灵感来源。

塞哥维亚交通

如何到达——火车 ⊙

可从马德里的阿托查火车站搭乘地区火车，每天 7:30-22:00 每 2 小时有 1 班车前往塞哥维亚，车程约 2 小时；亦可从查马丁火车站搭乘高速火车 AVANT 或长程特快列车 ALVIA 等前往，火车班次不太频繁，平均每 40 分钟至 2.5 小时有 1 班车，车程约 30 分钟。正确的班次、详细时刻表及票价可上网或至火车站查询，购票可至火车站柜台。

塞哥维亚有两个火车站，如果从马德里的阿托查火车站搭乘地区火车，会抵达距离塞哥维亚市中心比较近的旧火车站，该火车站位于市中心西南方 2 千米处，可以搭乘 8 号巴士前往水道桥或主广场。

如果从查马丁火车站出发，会抵达距离塞哥维亚市中心西南方约 5 千米处的 AVE 火车站，由此可搭乘 11 号巴士前往水道桥，车程约 20 分钟。

西班牙国铁

🌐 www.renfe.com

如何到达——长途巴士 ⊙

从马德里的皮欧王子巴士总站（Intercambiador de Príncipe Pío）搭乘赛普维达纳（La Sepulvedana）巴士公司的车前往塞哥维亚，车程 75 ～ 90 分钟，平日每天 15 ～ 30 分钟 1 班车，周末和假日则 30 ～ 60 分钟 1 班。阿维拉也有巴士前往塞哥维亚，车程约 1 小时，不过班次少。塞哥维亚长途巴士站就位于水道桥的西侧。

La Sepulvedana 巴士

🌐 www.lasepulvedana.es

市区交通 →

旧城区不大，可以步行的方式参观从水道桥到阿卡乍堡之间的旧城区。

旅游咨询 →

塞哥维亚旅游服务中心

🏠 Plaza del Azoguejo 1

☎ 92-1466720

🌐 www.turismodesegovia.com

🏠 Plaza Mayor 9

☎ 92-1466070

🌐 www.segoviaturismo.es

卡斯提亚·莱昂旅游服务中心

🏠 Plaza Mayor 10

☎ 92-1460334

🕐 7月1日至9月15日9:00-20:00；其他时间周一至周六9:30-14:00，16:00-19:00，周日9:30-17:00

🌐 www.turismocastillayleon.com

精华景点

罗马水道桥

🏠 Plaza de Azoguejo
🚌 观光路线的起点，巴士 8、11 号皆可达，从这里步行前往主广场约 10 分钟

MUST-VISIT PLACES
必游之地

　　这座壮观的古罗马水道桥是西班牙境内最具规模的古罗马遗迹之一，全长将近 800 米、拱门多达 166 座，共由 120 根柱子撑起，整座建筑没有使用水泥和钉子，完全运用罗马人的智慧与当时的技术打造而成，堪称人类最伟大的工程之一。

　　塞哥维亚罗马水道桥的最高点位于阿佐奎荷广场 (Plaza del Azoguejo)，水道桥足足耸立于广场上方 30 米处，这里也是欣赏水道桥的最佳角度之一，游客可以爬上一旁的阶梯，向下俯瞰水道桥与残存的城墙。

塞哥维亚大教堂

🏠 Plaza Mayor s/n

🚌 搭乘 8 号巴士可达；从罗马水道桥步行前往约 10 分钟

☎ 92-1462205

🕐 4—10 月 9:30-18:30，11 月至次年 3 月 9:30-17:30

¥ 3 欧元

必游之地 MUST-VISIT PLACES

　　塞哥维亚大教堂盘踞在主广场的一角，这座体积庞大的教堂，在所有想象得到的地方都耸立着一座座的小尖塔和飞扶壁，令人眼花缭乱，或许是这样繁复的装饰产生的层层布局，让人联想起贵妇华丽的蓬裙，使得它赢得"大教堂贵妇"的美誉。比起外观的宏伟，大教堂内部反而显得简单，绿色大理石打造的唱诗班席占据了大部分空间，位于其中的乐谱架，以银匠风格雕刻而成。15 世纪时由旧大教堂搬来的回廊的宝物室，是一间展出各种宗教艺术品的博物馆。

阿卡乍堡

🏠 Plaza de la Reina Victoria Eugenia s/n
🚍 从主广场步行前往约 15 分钟可达
☎ 92-1460759
🕐 4—9 月 10:00-19:00，10 月 至 次 年 3 月 10:00-18:00
💰 全票 5 欧元，优惠票 3 欧元；含塔楼全票 7 欧元，优惠票 5 欧元，语音导览 3 欧元
🖱 www.alcazardesegovia.com

必游之地
MUST-VISIT PLACES

对许多游客来说，阿卡乍堡令人有着莫名的熟悉感，这一切或许和它成为迪士尼电影《白雪公主》中城堡的蓝本有关。远在罗马时期，这里就是一处要塞。13—14 世纪时陆续扩建，阿卡乍堡逐渐有了现今城堡的样貌。阿卡乍堡多灾多难，你或许不难发现它的外观相较于悠久的历史，显得有点过新，那是因为阿卡乍堡在 1862 年几乎毁于一场火灾中，如今的建筑是重建而成的。城堡

内有不少地方值得欣赏，如美丽的天花板、穆德哈尔式的宝座厅等。此外，登上城楼还可尽览旧城景观以及周边的平原景色。

阿维拉

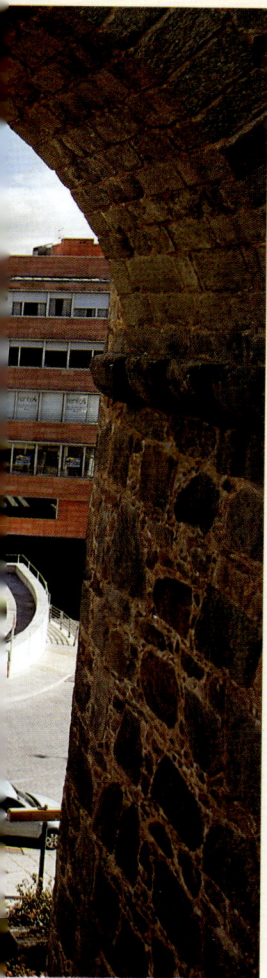

坐落于海拔高度超过 1130 米的山上，阿维拉是全西班牙最高的地区，也因此四季凉爽，冬季甚至会因酷寒而下起皑皑白雪。

阿维拉位于马德里的西北方，是兴建于一座岩山顶端平台上的旧城，四周围绕着厚实的城墙，使它赢得"石头城"的封号。城墙保存状况相当完整，如果沿着旧城外围走一遭，可以欣赏到捍卫这座城市的塔楼与多道当作出入口的城门，也因为维持着浓厚的中世纪气氛，阿维拉在 1985 年时被列入《世界遗产名录》中。

除此之外，阿维拉也是赤足加尔默罗会创办人大德兰修女（或称圣特蕾莎修女）的故乡，也因此阿维拉又称为"圣徒城"，除游客外，这里也经常涌入前来朝圣的信徒。

如何到达——飞机

从马德里的阿托查火车站搭乘地区火车，或从查马丁火车站搭乘中程火车 MD 前往阿维拉，车程 2 小时或 1.5 小时。阿托查火车站每天大约有 4 班车前往阿维拉，至于查马丁出发的火车班次非常频繁，11:00-21:00 之间平均每 20～40 分钟就有 1 班车。准确班次、详细时刻表及票价可上网或至火车站查询，车票可至火车站柜台购票。

从阿维拉火车站步行前往旧城大约需要 20 分钟，也可以在火车站前搭乘 7 号巴士前往位于大教堂西侧的维多利亚广场。

西班牙国铁

🌐 www.renfe.com

如何到达——长途巴士

从马德里的南巴士站搭乘 Larrea 巴士公司的车前往阿维拉，车程 80～100 分钟，平日每天有 8～9 班车，周末和假日则有 4～6 班车。从塞哥维亚亦有长途巴士往返，车程约 1 小时。巴士站位于马德里大道上，从这里步行前往旧城大约需要 10 分钟。

Larrea 巴士

🌐 www.autobuseslarrea.com

市区交通

可以步行的方式参观整个旧城区和其他重要景点。

旅游咨询

阿维拉旅游服务中心

🏠 Avda. de Madrid 39

☎ 92-0354045

🕐 夏季 9:00-20:00，
冬季 9:00-17:30

🌐 www.avilaturismo.com

卡斯提亚·莱昂旅游服务中心

🏠 Casa de las Carnicerias
Calle San Segundo 17

☎ 92-0211387

🕐 9 月 16 日至次年 6 月 30 日
周一至周六 9:30-14:00、
16:00-19:00，周日 9:30-
17:00；7 月 1 日至 9 月 15 日
周一至周六 9:30-14:00、
17:00-20:00，周日 9:00-
17:00

🌐 www.turismocastillay-
leon.com/cm

精华景点

城墙

🏠 参观城墙有两处入口，一处位于阿卡乍门，另一处则是卡斯提亚·莱昂旅游服务中心所在的 Casa de las Carnicerias

🚌 从火车站步行前往约 20 分钟，从巴士站步行前往约 10 分钟

☎ 92-0350000

🕐 4 月 1 日至 10 月 31 日周二至周日 10:00-20:00，11 月 1 日至次年 3 月 31 日周二至周日 10:00-18:00（周一休息）

💴 全票 5 欧元、优惠票 3.5 欧元

🌐 www.murralladeavila.com

MUST-VISIT PLACES 必游之地

　　围绕旧城四周的城墙是阿维拉最值得参观的景点。城墙在 14 世纪以前不断扩建，陆续增添哥特式与文艺复兴风格的装饰，形成全长达 2.5 千米、拥有 9 道城门、88 座高塔、3 座后门的城墙，城墙厚度达 3 米，平均高度在 12 米左右，雉堞多达 2500 个。游客可以登上城墙参观，目前开放两处入口，一处是阿卡乍门，另一处则必须从标志有 "Casa de las Carnicerias" 字样的房子内上去，由此可通往圣维森特门的上方，一路朝北边走去，沿途可以欣赏阿维拉的城市景观，以及附近起伏的地势。

阿维拉大教堂

🏠 Plaza de la Catedral s/n
🚶 从阿卡乍门步行前往约 3 分钟可达
☎ 92-0211641
🕐 周一至周五 10:00-17:30，周六 10:00-19:00，周日和假日 12:00-15:00
💰 每人 4 欧元
🌐 sites.google.com/site/catedraldeavila

MUST-VISIT PLACES 必游之地

　　阿维拉大教堂从 12 世纪开始修建，直至 16 世纪才完工，使得它因跨世纪的风格转换而融合了罗马式与哥特式。它早期的罗马式结构，特别是为位于东面的半圆形壁龛——教堂之塔（Cimorro），完全镶嵌在城墙内，于是教堂成了城墙，成为一个坚固的防御堡垒。

　　教堂内部也可以看出建筑风格的突变，中央祭坛附近以红、白两色斑岩兴建的柱子，和整座教堂纯白色的哥特式结构形成对比，它们是教堂中最古老的部分之一。教堂内最值得参观之处是由佩德罗·贝鲁格特（Pedro Berrugrete）于 15 世纪设计的祭坛屏风，屏风上记录的是耶稣的一生，后方还有一座 15 世纪主教托斯达多（El Tostado）的大理石灵柩。教堂附设的博物馆也相当精彩，里头收藏了圣体显示台、宗教画以及圣歌集等艺术品。

维多利亚 广场

⌂ Plaza de la Victoria
🚌 从阿卡乍门步行前往约 5 分钟可达
🕐 全天
💰 免费

星级推荐

又称为小市集广场（Plaza Mercado Chico）或市政厅广场（Plaza Ayuntamiento）的维多利亚广场，位于旧城略偏东方的位置。广场四周围绕着拱门，这里是举办农产品和日常生活用品市集的地方，又因为位于中央的双塔建筑为市政厅，因此拥有上述两个别名。广场和附近的巷道里林立着多家餐厅与小酒馆，以及出售当地特产蛋黄甜点（las Yemas）的商店。这种甜点以蛋黄加入砂糖做成，外观圆圆小小的，在当地的商店橱窗中经常可以看到，不过味道相当甜腻。

大德兰女 修院

⌂ Plaza de La Santa 2
🚌 从阿卡乍门步行前往约 8 分钟可达
☎ 92-0211030
🕐 教堂 9:30-13:00、15:30-19:30；博物馆夏季周二至周日 10:00-14:00、16:00-20:00，冬季周二至周日 10:00-13:30、15:30-17:30（周一休息）
💰 教堂免费，博物馆 2 欧元
🔲 www.santateresadejesus.com

今日的大德兰女修院兴建于大德兰的出生地，尽管大部分建筑已经改建成这座 17 世纪的巴洛克式修道院，不过依旧可以看到她出生的地方——教堂内一座精心布置的礼拜堂，里头装饰着一幕幕她施展法力让许多人飘浮离地的场景。教堂后方有一座博物馆，必须经由另一个入口进入，里头展示着与大德兰修女生平有关的物品，包括她生前使用的玫瑰念珠，以及她的一节手指骨。

圣维森特
大教堂

🏠 Plaza de San Vicente 1
🚇 从阿卡乍门步行前往约 5 分钟可达
☎ 92-0255230
🕐 夏季周一至周六 10:00-18:30，周日不开放
参观；冬季周一至周六 10:00-13:30、16:00-
18:30，周日 16:00-18:00，仪式间不开放参观
💴 每人 2 欧元
🌐 www.basilicasanvicente.com

　　与圣维森特城门对望的圣维森特大教堂，公元 4 世纪兴建于圣徒维森特和他的姐妹（Sabina and Christeta）殉教的地方。这座始建于 1130 年并于 12 世纪末落成的教堂，是当地最早出现的教堂，因而成为阿维拉同类建筑中的典范以及最重要的罗马式建筑。

　　教堂内有着圣维森特等人的衣冠冢，石棺上的浮雕叙述着他们 3 人昔日遭受罗马人严刑拷打的故事。大教堂外观也颇值得观赏，除了醒目的钟楼外，位于西南侧的柱廊相当优雅，一根根细长的柱子构成一大根支柱，撑起一道道马蹄状的圆拱，侧门以及檐口装饰着多种花草图案与雕像。

圣荷西修道院

🏠 Plaza de las Madres 4
🚍 从阿卡乍门步行前往约 8 分钟可达
☎ 92-0222127
🕐 4—10 月 10:00-13:30、16:00-19:00，
　 11 月至次年 3 月 10:00-13:30、15:00-18:00
💴 每人 1.4 欧元
🔗 www.sanjosedeavila.es

MUST-VISIT PLACES 必游之地

　　圣荷西修道院是大德兰修女于 1562 年时创立的第一家修道院，这间修道院由许多房子共同建构而成，和阿维拉其他的修道院结构都不相同，原本的小教堂在 1608 年时以弗朗西斯科·德·莫拉（Francisco de Mora）的蓝图重建，这位建筑师不但是大德兰的支持者，他设计的这座加尔默罗教堂也成为日后其他加尔默罗教堂的范本——以三条走道与一座主殿勾勒主要结构。在圣荷西修道院的教堂立面上，可以看见大德兰颂扬圣荷西的浮雕。

　　通过修道院内的厨房、饭厅、回廊等得以想象出昔日大德兰等人居住在此的情景，其中一座被称为恶魔阶梯的地方，就是大德兰 1577 年圣诞节当天摔断左手臂的地方。一旁还有一间大德兰博物馆（Museo Teresiano），收藏着大德兰睡觉时用来当枕头的木棒。

四柱台

🏠 N501 公路旁
🚍 自大教堂广场往北走，直到旧城的另一方，从 Puerta del Puente 城门出去再过桥后右转直走

　　想要观赏阿维拉壮观的城堡景色，得走到旧城的西北方外围，由于这个观赏台位于城市的另一端，所以得花至少半小时的步行时间。这里有一座设置了十字架的高台，用来纪念阿维拉圣女大德兰当年和她哥哥出走时，在此被她的叔叔发现的历史，而她出走的原因，是他们希望能在伊斯兰教徒的领地内殉道。

昆卡交通

如何到达——火车 ⊙

从马德里的阿托查火车站可搭乘高铁 AVE 和长程特快列车 ALVIA 前往昆卡，车程约 50 分钟，火车班次频繁，一天约有 10 班车。另外也可以从阿托查火车站搭乘地区火车前往，车程约 3 小时，每天约有 4 班车；从瓦伦西亚出发，车程约 3.5 小时。准确班次、详细时刻表及票价可上网或至火车站查询，购票可至火车站柜台。

昆卡火车站位于新市区，从火车站前可搭乘 1 号巴士前往主广场，平均每 0.5 小时 1 班车。如果以步行方式前往，则需 30 分钟。

西班牙国铁
🔗 www.renfe.com

如何到达——长途巴士 ⊙

从马德里的南巴士站（Estación del Sur）搭乘 Auto-Res 巴士公司的车前往昆卡，车程 2 ~ 2.5 小时，每天有 7 ~ 9 班车。

巴士站同样位于新市区，就在火车站旁，同样可搭乘 1 号巴士前往主广场，或步行 30 分钟左右。

Auto-Res 巴士
🔗 www.avanzabus.com

市区交通 ⊙

游客可以步行的方式参观整个城市的重要景点。

旅游咨询 ⊙

昆卡市政府旅游服务中心
🏠 Calle Alfonso Ⅷ 2
☎ 96-9241051
🔗 turismo.cuenca.es

昆卡旅游协会
🏠 Avda. Cruz Roja 1
☎ 96-9241050
🕘 9:00-15:00
🔗 www.turismocuenca.com

精华景点

主广场

⌂ Plaza Mayor

🚌 可从火车站和巴士站搭乘 1 号巴士前往

主广场是昆卡居民的生活中心，四周林立着商店和餐厅，其中最引人注目的是巴洛克风格的市政厅，拥有三道拱门的它，下方是被当成通道使用的拱廊，墙壁上繁复的装饰和其他房舍形成对比。该建筑兴建于卡洛斯三世时代，落成于 1762 年。在广场一旁的墙壁上，有一幅相当可爱的瓷砖拼贴画，上面描绘着各式各样的传统职业人员。

格雷西亚圣母教堂

🏠 Plaza Mayor s/n

🚌 从主广场步行前往约 1 分钟可达

☎ 96-9224626

🕐 7—9 月周一至周五 10:00-14:00、16:00-19:00，周日 16:00-18:30；10 月至次年 6 月 10:30-13:30、16:00-18:00

💴 全票 2.8 欧元、优惠票 2 欧元

　　这座位于主广场东面的教堂全名为格雷西亚圣母教堂（Catedral de Nuestra Señora de Gracia），它是南卡斯提亚相当特殊的中世纪建筑。教堂结构融合了哥特式、文艺复兴式和巴洛克式元素，由于主建筑物的正面拥有三扇门，使它看来相当奇特。教堂内部为拉丁十字形，拥有一个多角形的半圆壁龛，拱廊是原始的诺曼式风格，显然受到法国的影响。主祭坛出自文杜拉·罗德里盖兹的设计，装饰着华丽的 15 世纪铸铁。宝藏室（Tesoro）内展示有拜占庭帝国的圣母像和圣骨匣、阿朗索·贝鲁格特雕刻的木门，以及两幅埃尔·葛雷科的画作。1902年时，钟楼曾经倒塌，压坏了大教堂，后经过重建，教堂看来完好如新，只不过少了钟楼的踪影。

抽象
美术馆
（悬壁屋）

🏠 C/ Canónigos, s/n
🚌 从主广场步行前往约 5 分钟可达
☎ 96-9212983
🕐 周二至周五 11:00–14:00、16:00–18:00，周六
11:00–14:00、16:00–20:00，周日 11:00–
14:30（周一和节假日休息）
💴 全票 3 欧元、优惠票 1.5 欧元
🌐 www.march.es

必游之地
MUST-VISIT PLACES

从大教堂后方的街道可以通往昆卡最具代表性的景点——悬壁屋。这些石屋依靠着历经风化侵蚀形成的断崖绝壁的石灰岩山脊而建，形成一种凌空欲飞、仿佛悬挂于峭壁上的特殊景观，因而拥有"中世纪摩天楼"的称号，尤其是它们突出于峭壁之外的木制阳台，更是只能以惊心动魄来形容。

这些历史可以追溯到 14 世纪的悬壁屋，这里 15 世纪时曾当作皇室夏宫使用，20 世纪 60 年代，在西班牙知名抽象艺术家费南度·索维尔的带领下，创立了抽象美术馆，如今这里则由胡安·马奇基金会（Fundación Juan March）管理。它是 20 世纪西班牙本土艺术家聚集地，从 1966 年起就挂着安东尼奥·萨乌拉、赫拉尔多·鲁埃达、埃德瓦多·奇伊达和帕布罗·塞拉诺等人的抽象艺术作品。

特鲁埃尔

特鲁埃尔位于西班牙中部偏东方的阿拉贡省，为该省的省会，也是西班牙人口最少的省会。特鲁埃尔地处海拔915米的山区，造就当地独具特色的气候，夏天特别凉爽，冬季极其寒冷。

特鲁埃尔颇获游客的青睐，除了以生火腿和陶器著称外，这座小镇最有名的莫过于脍炙人口的悲剧爱情故事《特鲁埃尔恋人》，以及被列入《世界遗产名录》的穆德哈尔式建筑。特鲁埃尔在伊斯兰教统治时期是重要的摩尔城市，即使1171年阿方索二世收复这片天主教王国的失地后，它仍保留着重要的穆斯林与犹太人社区。这是拥有西班牙最优雅的穆德哈尔式建筑之一，因此又被称为"穆德哈尔之都"。

特鲁埃尔交通

如何到达——火车 ➡

无论是马德里或是巴塞罗那都没有火车直达特鲁埃尔。从马德里的阿托查火车站搭乘高铁AVE前往萨拉戈萨后,再转搭中程火车MD前往特鲁埃尔。从马德里到萨拉戈萨,车程约1小时20分钟,火车班次频繁,平均每小时1班车;从萨拉戈萨前往特鲁埃尔车程约2小时20分钟,每天只有3班车。另外也可以从瓦伦西亚搭乘中程火车MD前往特鲁埃尔,车程约2小时20分钟。准确班次、详细时刻表及票价可上网或至火车站查询,购票可至火车站柜台。

从特鲁埃尔火车站步行前往旧城中心所在的公牛广场(Plaza del Torico)大约需要15分钟,从火车站前方的石梯往上爬,即可从新街(Calle Nueva)前往。

西班牙国铁

🌐 www.renfe.com

如何到达——长途巴士 ➡

从马德里的南巴士站搭乘Samar巴士公司的车前往特鲁埃尔,车程3.5～4.5小时,每天3～6班车。另外从巴塞罗那、瓦伦西亚、萨拉戈萨等地也有巴士前往特鲁埃尔。

特鲁埃尔的巴士站位于旧城东边,从这里步行大约10分钟就能抵达公牛广场。

Samar巴士

🌐 www.samar.es

市区交通 ➡

游客可以步行的方式参观整个城市。

旅游咨询 ➡

特鲁埃尔旅游服务中心

🏠 Plaza de los Amantes 6

☎ 97-8619903

🌐 www.teruelversionoriginal.es

阿拉贡旅游服务中心

🏠 San Francisco 1

☎ 97-8641461

🕐 7月1日至9月15日9:00-14:00、16:45-19:45;9月16日至次年6月30日9月下旬至次年7月上旬周一至周六9:00-14:00、16:30-19:00,周日和假日10:00-14:00、16:30-19:00

精华景点

萨尔瓦多塔

- 🏠 Calle del Salvador s/n
- 🚉 从火车站步行前往约 8 分钟可达
- ☎ 97-8602061
- 🕐 7 月中旬至 9 月中旬 10:00-14:00、16:00-20:00；9 月下旬至次年 7 月上旬 11:00-14:00、16:30-19:30（周一下午休息）
- 💴 全票 2.5 欧元、优惠票 1.8 欧元
- 🌐 www.teruelmudejar.com

MUST-VISIT
必游之地
PLACES

特鲁埃尔现今共保存 4 座穆德哈尔式高塔，其中无论从城市的哪个角落，都能看见独树一帜的萨尔瓦多塔。从火车站前方的石梯拾级而上，特鲁埃尔旧城中首先迎接游客的便是这座镶嵌着大量马赛克、色彩缤纷瓷砖的高塔。历史追溯到公元 1311—1355 年之间，高达 40 米的萨尔瓦多塔共分为 5 层，沿着狭窄的阶梯往上爬，抵达位于顶层的钟楼以前，会经过一间间介绍高塔历史的小展览厅。朝四面展开的钟楼是欣赏特鲁埃尔和周边风光的好地方。

公牛广场

🏠 Plaza del Torico
🚉 从火车站步行前往约 15 分钟可达

星级推荐

　　这座位于旧城中央的三角形广场，是当地人的生活中心，四周林立着餐厅、商店与银行，以及许多历史悠久的美丽建筑。广场中央耸立着一座落成于 1858 年的喷泉，喷泉上方有一尊小小的公牛雕像，柱下四角则各有一个装饰着公牛头的出水口。特鲁埃尔这个名称源自于阿拉伯语中的"公牛"，据说伊斯兰教徒曾经在公牛角上绑上火把，以对付天主教徒的进攻。或许正是出于这个原因，广场选择了公牛作为装饰。

省立博物馆

🏠 Plaza Fray Anselmo Polanco 3
🚉 从火车站步行前往约 20 分钟可达
☎ 97-8600150
🕐 周二至周五、假日 10:00-14:00、16:00-19:00，周六、周日 10:00-14:00（周一休息）
💴 免费
🌐 museo.deteruel.es

　　博物馆内共分为 4 层，包罗万象，包括史前时代出土的文物、罗马时代的马赛克镶嵌画、特鲁埃尔的特产陶器，以及传统服装、铁具、农器、厨房用品，甚至一整间的药房，让人得以对当地的习俗、文化有更进一步的认识。博物馆游客不多，如果有时间慢慢逛，会发现一些相当有趣的东西。

特鲁埃尔大教堂

🏠 Plaza Venerable Francés de Aranda
🚶 从火车站步行前往约 20 分钟可达
☎ 97-8618016
🕐 11:00-14:00，16:00-19:00，夏日下午延长开放到 20:00
🎫 与宗教艺术博物馆联票全票 3 欧元、优惠票 2 欧元
🌐 www.diocesisdeteruel.org

必游之地 MUST-VISIT PLACES

特鲁埃尔大教堂由阿拉贡国王阿方索二世于 12 世纪时下令兴建，最初采用罗马式风格。然而随着时代发展，13 世纪兴建了一座主殿和两道侧廊，同时增添了穆德哈尔式的外观建筑。其中最出色的，要数落成于 1257 年的高塔，它是西班牙保存最好的穆德哈尔式高塔之一，外观装饰着彩色瓷砖以及一座位于顶端的 18 世纪八角塔，内部则分为三层。

14 世纪时，哥特—穆德哈尔式风格取代了罗马风格的半圆形室，尽管看起来不太特别，但是爬上阶梯投下硬币后，亮起的照明灯让天花板上美丽的装饰图案尽现。宗教故事、骑士传说甚至动物形态中融合了中世纪的乡村生活以及迷人的伊斯兰几何图案……这些充满哥特风情的图案缀满整座天顶，它们是 1260—1314 年间，摩尔手工艺匠的动人作品。

宗教艺术博物馆

- ⌂ Plaza Venerable Francés de Aranda 3
- 🚉 从火车站步行前往约 20 分钟可达
- ☎ 97-8619950
- 🕐 周一至周六 10:00-14:00、17:00-19:00（周日和假日休息）
- 🎫 与大教堂联票，全票 3 欧元、优惠票 2 欧元
- 🌐 www.diocesisdeteruel.org

　　和大教堂隔广场对望的宗教艺术博物馆，位于一栋古色古香的建筑中，创立于1984年，目前共有5间展览室，分属于两层楼的空间中。

　　在这家博物馆中可以看见许多古老的宗教雕刻，包括圣像和十字架，它们来自特鲁埃尔的各大教堂，包括大教堂与圣佩德罗教堂，从这些雕像的比例可以发现古人对于人体结构的了解与雕刻技术尚未成熟。除此之外，博物馆中还收藏不少中世纪的宗教绘画作品，它们是博物馆的镇馆之宝。博物馆外的中庭有一道侧门可以通往户外的庭园，小小的空间相当静谧。

水道桥

- ⌂ Carretera de Alcañiz
- 🚉 从火车站步行前往约 25 分钟可达

MUST~VISIT PLACES 必游之地

　　在特鲁埃尔的北面有一座水道桥，从省立博物馆前方的小路一直往下走，经过一道城门后就能抵达。这座水道桥并非罗马时代的遗迹，而是西班牙文艺复兴时的建筑，16世纪时，当地的居民还只依靠着几口14世纪兴建于今日公牛广场上的蓄水池和分散于镇内的小水井维生，为了改善当地的用水问题，特鲁埃尔市政府决定模仿罗马人兴建水道桥，引进市区外的河水，最后却因为经费过高而放弃。而这件半成品，如今成了当地居民的"天桥"。

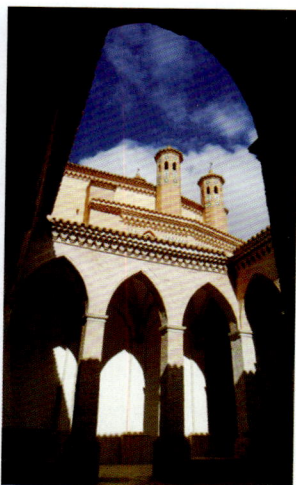

圣佩德罗教堂

⌂ Iglesia de San Pedro
🚉 从火车站步行前往约 15 分钟可达
☎ 97-8618398
🕐 夏季 10:00-20:00，冬季 10:00-14:00，16:00-20:00（节假日休息）
¥ 教堂和修道院全票 2 欧元、优惠票 1.5 欧元，教堂、修道院和塔楼全票 4 欧元、优惠票 3 欧元，教堂、修道院和恋人祠堂全票 5 欧元、优惠票 4 欧元，教堂、修道院、塔楼和恋人祠堂全票 7 欧元、优惠票 5.5 欧元
🌐 www.amantesdeteruel.es

星级推荐

最初兴建于 14 世纪的圣佩德罗教堂，从今日富丽堂皇的模样很难回想它原本的面貌。当初只是一座拥有单一通道、半圆形室以及侧礼拜堂覆盖着拱状屋顶的简单教堂，到了中世纪时开始出现穆德哈尔式元素。

和教堂相通的圣佩德罗塔（Torre de San Pedro）兴建于 13 世纪，高度达 25 米，和教堂内的半圆形室一同被列入《世界遗产名录》，它是当地最古老的穆德哈尔式塔楼，外观类似城门，底层有一座通往市郊的通道穿过尖拱状的拱门。这座砖造方形高塔共分为三层，有 74 级呈螺旋状的阶梯通往上方的钟塔。建筑装饰着由彩色瓷砖拼贴而成的三种不同风格：绿色与黄色相衬的转角圆柱，中空条纹状的上半部塔楼以及菱形的绿色和彩色瓷砖，勾勒出装饰钟塔的线条。

恋人祠堂

🏠 Iglesia de San Pedro
🚆 从火车站步行前往约 15 分钟可达
📞 97-8618398
🕐 夏季 10:00-20:00,冬季 10:00-14:00、16:00-20:00(节假日休息)
💰 恋人祠堂全票 4 欧元、优惠票 3 欧元,教堂、修道院和恋人祠堂全票 5 欧元、优惠票 4 欧元,教堂、修道院、塔楼和恋人祠堂全票 7 欧元、优惠票 5.5 欧元
🌐 www.amantesdeteruel.es

必游之地

    特鲁埃尔流传着一段凄美的爱情故事:13 世纪时,一位贫穷的男孩胡安·马丁内斯·马尔西利亚(Juan Martínez de Marcilla)爱上富有人家的独生女伊莎贝尔·塞古拉(Isabel de Segura),这对相爱的恋人因为身份背景悬殊,无法获得女方家长的同意因而不能喜结连理,于是男孩要求少女给他 5 年的时间,等待他衣锦还乡回来娶她。时光荏苒,转眼间到了约定的期限,少女 20 岁了,由于等不到爱人的只字片语,少女答应了父亲替她安排的婚事,没想到就在结婚当天,因加入军队对抗摩尔人而累积不少财富的胡安回来了。他看着已为人妻的伊莎贝尔心痛万分,有人说他因心碎而死,有人说是自杀,无论如何,被胡安的痴情而感动的伊莎贝尔,隔天也尾随他离去。据说当地人为这对情侣感动,所以将他们葬在一块。如今这对历史上有名的恋人,依旧长眠于圣佩德罗教堂里,出自艺术家之手的石棺,勾勒出恋人的轮廓,下方镂空的细格中,可一窥两人遗骨。

巴塞罗那交通

如何到达——航空 ⊙⊙

　　目前从北京有直飞巴塞罗那的航班，从首都国际机场飞行至巴塞罗那普拉特国际机场，中途至维也纳施韦夏特机场经停。此外从北京、上海、广州等国内城市出发通过多个航空公司，都能经过中转抵达巴塞罗那。

　　巴塞罗那的普拉特国际机场位于市区西南方约 18 千米处，主要拥有 T1 和 T2 两个航站楼，其中 T2 又分为 A、B、C 三区，视航空公司不同停靠不同航站楼。一般从亚洲起飞前往的航班多停靠于 T1。T1 和 T2 航站楼之间相距较远，有免费换乘巴士相通，平均不到 10 分钟就有 1 班，可加以利用。国际机场内附设旅馆订房柜台、汇兑中心、租车公司

柜台，以及巴塞罗那旅游服务中心等。

普拉特国际机场

🔘 www.aena-aeropuertos.
　　es/csee/Satellite/Aerop-
　　uerto-Barcelona/en/Home.
　　html

西班牙机场与航行区域网站

🔘 www.aena.es

如何到达——机场至市区交通 ⊙⊙

　　机场到市区之间，可搭乘机场巴士、近郊火车或出租车往返。

机场巴士

　　从普拉特机场前往巴塞罗那市区，最方便的方式是搭乘机场巴士。这种蓝色车身的巴士行驶于机场和市中心的加泰罗尼亚广

场 (Plaza de Catalunya) 之间，车程约 35 分钟，班次非常密集，平均每 5 ~ 15 分钟 1 班车，运营时间机场到市区为 6:00 至次日 1:00，市区到机场为 5:30 至次日 0:30。分 T1 和 T2 两条路线，单程票价 5.9 欧元，来回票价 10.2 欧元，上车时直接向司机购票即可。详细时刻表、搭车地点与地图，可上网查询。

🌐 www.aerobusbcn.com

近郊火车

从普拉特机场可搭乘巴塞罗那近郊火车前往市区的圣哲火车站 (Estació Sants) 或感恩大道 (Passeig de Gràcia) 站。普拉特机场的火车站位于 T2 航站楼的 A 区与 B 区之间，只需走过天桥即可抵达火车站；至于 T1 航站楼距离火车站比较远，不妨利用两个航站楼之间的免费换乘巴士，车程约 10 分钟。

火车约每 0.5 小时 1 班，前往圣哲火车站 22 分钟，抵达感恩大道站需 27 分钟。之后可就近转搭地铁前往目的地。从机场前往圣哲火车站的火车票为 3.5 欧元，如果购买的是可通行至 2 区的巴塞罗那大众交通工具 10 趟通用套票（Zone2 T-10，20.3 欧元），可以用来搭乘此火车，同时免费转搭地铁；但如果是购买单张的地铁票，则在转乘地铁时须再使用另一张票。

西班牙国铁网站
🌐 www.renfe.com
巴塞罗那大都会交通公司
☎ 93-4023663
🌐 www.tmb.cat/en/home

出租车

巴塞罗那的出租车采用打表计费方式，平日、假日和夜间的最低收费均不同，从机场前往市中心需要 20 ~ 30 分钟，费用约 20 欧元。除车资外还需另外支付 4.2 欧元的机场接送费，以及每件行李的费用。建议在机场的出租车招呼站叫车。

出租车叫车服务
☎ 93-3033033
🌐 www.taxibarcelona.cat

如何到达——火车 ➡

巴塞罗那有 2 个主要火车站，分别是位于西边、犹太丘 (Montjic) 上方的圣哲火车站 (Estació Sants)，以及位于东边、靠近城堡公园 (Parc de la Ciutadella) 的法兰莎火车站 (Estació de França)。

圣哲火车站是巴塞罗那最大的火车站，往来于西班牙各地的高铁、特快列车，甚至近郊火车全都停靠此，可搭乘 3 号和 5 号地铁或近郊火车前往加泰罗尼亚广场。乘坐地铁 3 号或 5 号线至圣哲车站下，可达圣哲火车站；

乘坐地铁 4 号线到法兰莎站下，可达法兰莎火车站。

　　详细火车时刻表及票价可上西班牙国铁网站或至火车站查询。

西班牙国铁网站

🌐 www.renfe.com

欧洲国铁网站

🌐 www.raileurope.com

如何到达——长途巴士

　　巴塞罗那有两处巴士中转站，其中位于圣哲火车站旁的圣哲巴士总站 (Estació d'Autobusos de Sants) 是往返安道尔、法国、意大利与葡萄牙等国际巴士的停靠站，可就近搭乘近郊火车或地铁前往巴塞罗那各地。至于位于哥特区以东的北巴士总站 (Estació d'Autobusos Barcelona Nord)，是巴塞罗那最大的巴士中转站。部分来自法国和安道尔的巴士也会停靠在此，而几乎从巴塞罗那前往西班牙境内各地的巴士都停靠于此，从这里可步行前往附近的地铁 1 号线凯旋门站（Arc de Triomf）。

　　长途巴士往返市区的交通非常便利，乘坐地铁 3 号或 5 号线到圣哲车站下，可达圣哲巴士总站；乘坐地铁 1 号线在凯旋门站下，可达北巴士总站。

北巴士总站

☎ 90-2260606

🌐 www.barcelonanord.com

主要巴士公司

🌐 Euroline: www.euroline.es;
　Linebus: www.linebus.es;
　Alsa: www.alsa.es;
　Sagales: www.sagales.com

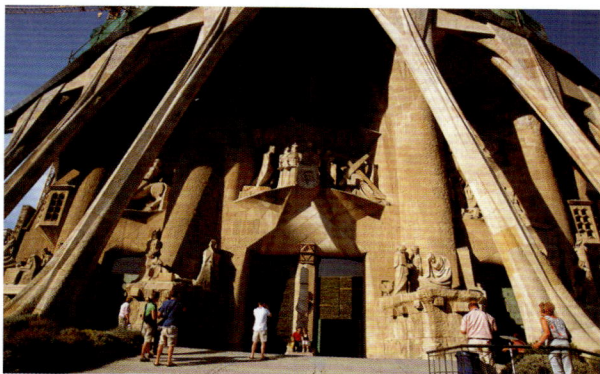

市区交通

巴塞罗那的交通非常方便，不但中心地段有地铁、巴士、近郊火车等，部分地区还有地面电车、缆车等，而且票券可以共用，换乘之间也不须另加费用，可以说相当体贴消费者。

巴塞罗那大都会交通公司

☎ 93-4023663

🌐 www.tmb.cat

地铁

快速、标识清楚的巴塞罗那地铁，是往来城市间最方便的大众交通工具，地铁以数字划分，总共有 8 条线。往来于感恩大道的格拉西亚大道 (Passeig de Gràcia) 站、加泰罗尼亚广场的加泰罗尼亚 (Catalunya) 站以及兰布拉大道上的里塞奥 (Liceu) 站的 3 号线，串联起巴塞罗那最热门的景点，是游客搭乘频率最高的路线。还有前往圣家堂的 2 号线、奥运选手村的 4 号线，也都经常为游客使用。

巴塞罗那的地铁运营时间周一至周四、周日和假日为 5:00 至次日凌晨，周五和假日前一天为 5:00 至次日 2:00，周六和元旦、6 月 24 日、8 月 15 日和 9 月 24 日前一天，地铁不间断服务，圣诞夜则于 23:00 结束运营。

市区巴士

巴塞罗那共有多达 102 条巴士路线，以及 17 条夜间公车，网络四通八达，然而对于一般游客来说，由于不熟悉当地交通，在搞不清楚路线的情况下，搭乘巴士的机会并不高。

巴塞罗那的市区巴士运营时间大多为 6:00-22:30，其他时段则必须搭乘夜间公车。乘客可以直接使用事先购买的票券，插入司机旁的剪票机生效，或是准备好零钱，直接向司机购买。

出租车

巴塞罗那的大众运输交通工具非常方便，景点之间大多也相距不远，因此地铁和步行搭配通常可以顺利地观光，游客使用出租车多在夜间。在巴塞罗那想搭乘出租车，除招呼站外也可在路旁招车，起跳价格因平日、假日和夜间而不同，平日 8:00~20:00 起跳价为 2.1 欧元，之后每千米加 1.03 欧元；平日夜间和假日的起跳价同为 3.1 欧元，之后每千米为 1.03 欧元，另外起点或终点为机场的，则分别需另支付 4.2 欧元，每件行李 1 欧元。

大众交通票券

巴塞罗那的大众交通工具（地铁、巴士、电车、缆车）共用同一种票券，一般游客的主要活动范围 Zone1，成人单程每趟 2.15 欧元，除购买单程票 (Billete Zenzill) 之外，也可选择 10 趟的回数票 (T-10)，费用为 10.3 欧元，可多人同时使用；亦可购买 1 日券 (T-Dia)，7.6 欧元，可在 1 天之中任意搭乘各种交通工具。

欧啦！巴塞罗那

如果在巴塞罗那停留超过 2 天，且每天频繁使用交通工具，不妨购买专为游客设计的交通周游券。欧啦！巴塞罗那 (Hola BCN) 分为 4 种，票价随天数与区域不同而不同，可在限定的范围和时间内无限次搭乘上述所有交通工具，Zone1 以内的 2 日券 14 欧元、3 日券 20 欧元、4 日

券 25.5 欧元、5 日券 30.5 欧元。

🌐 www.tmb.cat/en/bitllets-
i-tarifes

巴塞罗那旅游巴士

和许多国际大都市一样，巴
塞罗那也有双层旅游巴士，行驶
于热门旅游景点之间，游客可以
在车票有效期内随时在各站上下
车，车上提供包含中文在内的多
种语言的沿途解说。既解决了交
通问题，行程又可随自己的心意
调整，对游客而言颇为实用。

巴塞罗那的双层旅游巴士分
为红、蓝、绿 3 条路线，包括感
恩大道、圣家堂、奎尔公园、西
班牙广场、贝尔港等重要景点。
车票分 1 日券和 2 日券，1 日券
全票 27 欧元、优惠票 16 欧元；
2 日券全票 35 欧元、优惠票 20
欧元，可以向旅游咨询中心购买，
也可以上车向司机购票。网上购
票有 9 折优惠，1 日券全票 24.3
欧元、优惠票 14.4 欧元；2 日券
全票 31.5 欧元、优惠票 18 欧元。

🌐 www.barcelonabusturis-
tic.cat/en/home

巴塞罗那卡

想要仔细参观巴塞罗那的人，
也可以购买巴塞罗那卡，该卡可
在巴塞罗那多处博物馆与景点、
餐厅、商店以及机场巴士享有折
扣，还可在期限内无限次搭乘地
铁、巴士、电车等大众交通工具，
巴塞罗那卡分为 2 日（全票 34
欧元、优惠票 13.4 欧元）、3 日
（全票 44 欧元、优惠票 19.2 欧
元）、4 日（全票 52 欧元、优惠
票 24.4 欧元）和 5 日（全票 58
欧元、优惠票 29 欧元）四种，可
以在旅游咨询处、路边的书报烟
摊甚至网上购买。

🌐 www.barcelonacard.com

旅游咨询　⊙

巴塞罗那旅游局

主办公室

🏠 Rambla de Catalunya 123, pral.

☎ 93-3687700

🌐 www.barcelonaturisme.com

加泰罗尼亚广场

🏠 Plaça de Catalunya 16, bis

☎ 93-2853834

🕐 9:30-21:30，1 月 6 日和 12
月 26 日 9:00-15:00

圣豪梅广场

🏠 Plaça Sant Jaume

🕐 周一至周五 8:30-20:30、周
六 9:00-19:00、周日和假日
9:00-14:00；1 月 6 日和 12
月 26 日 9:00-14:00

机场

🏠 T1 和 T2 航站楼

🕐 8:30-20:30

精华景点

兰布拉
大道

🏠 La Rambla
🚇 搭乘地铁 1 或 3 号线在 Catalunya、
Liceu、Drassanes 等站下车皆可达

星级推荐

兰布拉大道是巴塞罗那最热闹的一条街道，无论何时总是充满了人潮，就连当地人的庆祝或是游行活动，也总要在这条大道上举行。大道浓密的树荫下，聚集着许多摊贩；靠近加泰罗尼亚广场的地区主要是花鸟市集；靠近港口，开始出现纪念品摊位和更增添热闹气氛的露天艺术市集，有时会发现不少设计感极佳的饰品，相当值得一逛。

加泰罗尼亚广场

🏠 Plaça de Catalunya
🚇 搭乘地铁 1 或 3 号线在 Catalunya 站下车即达

　　位于新、旧两城中央的加泰罗尼亚广场，是巴塞罗那的心脏地带，游客中心、百货公司与商店全部汇集于此，是当地最重要的地标之一，这里也是巴塞罗那游行、聚会的主要场所，更是每年举办跨年活动的地点。

　　北接感恩大道、南邻兰布拉大道，这座大广场四周围绕着雕像、喷泉与拱门，其中最重要的纪念碑，要数位于兰布拉大道顶端转角的弗兰塞柯·马西亚（Francesc Macià）纪念碑，它犹如一块倒置的阶梯堆放于三角形石架上。

🏠 La Rambla 51–59 附近
🚇 搭乘地铁 3 号线在 Liceu 站下车即达
🌐 www.liceubarcelona.com

　　河渠口广场位于兰布拉大道的心脏位置，广场中央有米罗设计的马赛克人行砖，为广场增添了活泼的气氛；一旁有一栋装饰着日本浮世绘般彩绘图案、雨伞和折扇的建筑，以提灯飞龙为招牌的它，曾是一家雨伞店，同样出自米罗的设计，非常吸引人。

　　和它隔着广场对望的利休剧院（Gran Teatre del Liceu），创立于 19 世纪中叶，然而因为火灾和恐怖袭击，使得它今日的模样是 1994—1999 年整修后的结果，于是这个外观保留原始设计的建筑，却成为内部拥有最新设备的剧场。每天早上 10 点有参观剧院内部的导览行程，大约 1 小时 20 分钟，入场费平日为 11.5 欧元，周末为 10.5 欧元。

圣荷西市场

La Rambla 91

搭乘地铁 3 号线在 Liceu 站下车，后步行约 3 分钟可达

93-3182584

周一至周六 8:00-20:30

www.boqueria.info

星级推荐

圣荷西市场坐落于兰布拉大道旁，这处巴塞罗那最著名的市集，历史可追溯到公元 1217年，它当时还只是一处位于旧城门旁的肉品摊位集市。今日我们所见的建筑雏形，是 1840年出自建筑师马斯·维拉（Mas Vilà）的设计，后来经历过多次改建，包括 1853 年的扩建，以及 1914 年落成且存在至今的金属屋顶。如今圣荷西市场可以说是游客、背包族和当地人的厨房，不论是水果、蔬菜、火腿、面包、面食……这里一应俱全，口味道地且价格便宜，不能不逛。

皇家广场

🏠 Plaça Reial
🚇 搭乘地铁 3 号线在 Liceu 站下车，后步行约 3 分钟可达

位于兰布拉大道旁的一条小巷弄内，你可能会被这座别具伊斯兰风情的广场所吸引。广场四周环绕着马蹄形的拱廊，中庭内植满棕榈树，此外还有一座小型喷泉。

这座广场之所以出名，主要和位于中央的两盏街灯有关，它们是建筑大师高迪年轻时所设计出来的第一件公共艺术品。拱廊下方有许多餐厅和酒馆，尤其是在夜晚时，几乎每家餐厅都是座无虚席。此外，夜晚也是街头艺人在此聚集的时刻，不论是杂耍、音乐表演，或是街头献唱，都可以在此欣赏到。

奎尔宫

🏠 Carrer Nou de la Rambla 3-5
🚇 搭乘地铁 3 号线在 Liceu 或 Drassanes 站下车，后步行约 7 分钟可达
☎ 93-4725775
🕐 4—10 月 10:00-20:00，11 月至次年 3 月 10:00-17:30
¥ 全票 12 欧元、优惠票 8 欧元
🌐 www.palauguell.cat

MUST-VISIT PLACES 必游之地

1969 年，奎尔宫被西班牙政府列为国家级史迹；1984 年，被列入《世界遗产名录》。奎尔宫位于巴塞罗那最热闹的兰布拉大道旁的狭小巷弄里，从窄巷中很难窥见其全貌。锻铁打造的鹰雕正门说明它不凡的背景，以 20 根彩色烟囱装饰的屋顶，更让人惊呼连连，它们全由马赛克彩砖拼贴，在艳阳下如万花筒般闪烁。

宫殿内无论是苍穹般的天花板、精巧雕刻的梁柱，还是铸铁阳台，都别出心裁，或如绳之螺旋，或如栅之方正，整齐中见繁复。而其从大门直达马厩的设计，蜿蜒曲折，淋漓尽致的空间运用手法，在当时更是一大创举。

哥伦布纪念柱

- Portal de la Pau s/n
- 搭乘地铁 3 号线在 Drassanes 站下车，后步行约 2 分钟可达
- 93-3025224
- 3—10 月 8:30-20:30，11 月至次年 2 月 8:30-19:30
- 全票 4.5 欧元、优惠票 3 欧元

位于兰布拉大道南端、靠近港口的地方，有一个高耸的圆柱，上方耸立着哥伦布的雕像。高达 60 米的哥伦布纪念柱于 1882 年奠基，历经 6 年的时间才落成，成为巴塞罗那万国博览会（Exposición Universal de Barcelona）的重要地标，用来纪念美洲与加泰罗尼亚之间的贸易，而纪念柱所在的位置，就是这位航海家第一次从美洲归来时上岸的地方。

纪念碑底端的青铜浅浮雕，描述哥伦布这趟旅行中的重要事纪，上方两层分别是西班牙四大地区的拟人雕像以及与哥伦布相关的人物，高 7.2 米的哥伦布雕像位居柱顶，他的右手指着美洲大陆，左手则拿着美洲的烟斗。纪念柱的塔顶是一座观景台，游客可以搭电梯登顶，俯瞰巴塞罗那。

圣摩尼卡美术馆

🏠 La Rambla 7
🚇 搭乘地铁 3 号线在 Drassanes 站下车
☎ 93-5671110
🕐 周二至周六 11:00-21:00，周日和假日 11:00-17:00（周一及节假日休息）
💴 免费
🖱 www.artssantamonica.cat

昔日的文艺复兴式修道院，今日成为巴塞罗那的当代艺术先锋。

创立于 1988 年的圣摩尼卡美术馆，前身为 17 世纪的圣摩尼卡修道院，这栋拥有 300 年历史的建筑历经沧桑，一度被当成稻草仓库、宪兵营和军事指挥中心，后来在 1984 年时因建筑师艾利欧·皮诺(Helio Piñon)和艾伯特·维亚佩兰纳（Albert Viaplana）的改造，成为兰布拉大道上既古老又现代的象征。

圣摩尼卡美术馆在 2003 年时曾经扩建，并新增位于兰布拉大道上的入口，一道连接室内与室外的回廊，勾勒出极具特色的展览空间。美术馆内的展览以当代视觉艺术作品为主，相当有趣。

贝尔港

Port Vell

搭乘地铁 3 号线在 Drassanes 站下车，
后步行约 3 分钟可达

必游之地 MUST-VISIT PLACES

哥伦布纪念柱前的海港被称为贝尔港，这座原本逐渐没落的旧港口，在 1992 年时因奥林匹克运动会的举办而获得新生，闲置的仓库、铁路和工厂，摇身一变成为今日这处每年吸引成千上万名游客的复合式休闲场所。

横跨波浪状木桥——海上兰布拉 (Rambla de Mar) 的汽艇码头 (Golondrinas)，搭配漂浮于水面的趣味雕塑和造型椅，整齐排列的上千艘帆船与汽艇，让人充分感受到港口边特有的风情。木桥的底端通往一座结合了商店、餐厅以及舞厅的购物中心雷玛格姆大楼，还有 IMAX 电影院，以及全欧洲最大的水族馆，可以在这里消磨一整天的时间。

巴塞罗那 大教堂	🏠 Plaça de la Seu
	🚇 搭乘地铁 4 号线在 Jaume I 站下车， 后步行约 4 分钟可达
	☎ 93-3428260
	🕐 周一至周六 13:00-17:00，周日和宗教节日 14:00-17:00
	💴 含屋顶和唱诗班席每人 6 欧元
	🌐 www.catedralbcn.org

MUST-VISIT PLACES 必游之地

　　巴塞罗那大教堂以巴塞罗那的守护圣人圣尤拉莉亚（Saint Eulalia）为名。教堂内部由一座主殿和 28 间侧礼拜堂组成，昔日的古罗马建筑都已拆除，除了位于主祭坛下方的地下圣堂——圣尤拉莉亚礼拜堂除外，里头还供奉着这位圣人的石棺。

　　除了美丽的彩绘玻璃和唱诗班席外，一部位于教堂东北侧的电梯，将游客带往教堂的屋顶，欣赏哥特区四周的景致。教堂一旁的回廊里，有着绿意盎然的庭园，中庭的喷泉旁饲养着 13 只天鹅，13 是圣尤拉莉亚受难时的年龄。从侧门离开大教堂以后，别忘了回头看，连接两栋建筑的天桥是哥特区最经典的代表。

国王广场

🏠 Plaça del Rei
🚇 搭乘地铁 4 号线在 Jaume I 站下车，后步行约 3 分钟可达

星级推荐

这座长方形广场三面环绕着的哥特式建筑，曾经是巴塞罗那的权力中心。位于正中央的曾是巴塞罗那公爵的府邸，到了 14—15 世纪时，摇身一变成为阿拉贡国王的皇宫。皇宫前方有一道半圆弧形的阶梯，通往宫内的堤内尔大厅（Saló del Tinell），1492 年时，满载而归的哥伦布就是在这里向天主教双王费南度国王和伊莎贝尔女王献上他的战利品——奇珍异兽和 6 位南美洲的土著。

面对皇宫左侧的是总督府（Palau del Lotinent），兴建于 16 世纪，它是巴塞罗那总督的官邸，后来被当成修道院使用，1853 年开始改建为阿拉贡王国的档案馆，收藏 9—18 世纪的西班牙相关史料。总督府的一楼中庭开放参观，沿着楼梯往上爬，可以欣赏穆德哈尔式的木雕天花板，位于皇宫右侧的就是圣亚佳塔皇室礼拜堂。

防御塔

🏠 Plaça de Ramon Berenguer El Gran
🚇 搭乘地铁 4 号线在 Jaume I 站下车，后步行约 2 分钟可达

防御塔属于古罗马城巴西诺（Barcino）兴建于公元 4 世纪的城墙的一部分，一度和新广场上的城门连成一气，前方耸立着 11—12 世纪巴塞罗那伯爵拉蒙·贝伦格尔三世（Ramon Berenguer El Gran）的骑马雕像。

尽管昔日的 7 座高塔如今只剩下 3 座，然而高达 18 米的它，依旧可以让人追忆曾经宏伟的模样。防御塔的后方就是国王广场，由于一道道的拱门连接着塔楼而建，使得皇室礼拜堂有了立足之地，而保留于此城墙的部分，正是附属于皇宫、兴建于 14 世纪的圣亚佳塔皇室礼拜堂。

城市历史博物馆

- 🏠 Plaça del Rei s/n
- 🚌 搭乘地铁 4 号线在 Jaume I 站下车，后步行约 3 分钟可达
- ☎ 93-3151111
- 🕐 4～9 月周二至周六 10:00-19:00，周日和假日 10:00-15:00；10 月至次年 3 月周二至周六 10:00-15:00、16:00-19:00，周日和假日 10:00-15:00（周一休息）
- ¥ 全票 7 欧元、优惠票 5 欧元
- 🌐 www.museuhistoria.bcn.cat

　　想要一探昔日古罗马城巴西诺（Barcino）风光的人，绝对不能错过这座博物馆。搭乘电梯通往地下隧道，参观者将进入一片隐藏于国王广场甚至大教堂下方、广达 4 000 平方米的地下世界，穿行其中，横跨公元前 1 世纪到公元 6 世纪。古罗马城墙、大众澡堂、葡萄酒窖与建筑遗迹……搭配模型、马赛克镶嵌画和挖掘出土的文物，

游客得以想象出千年以前人们的生活面貌。除此之外，还可以参观一旁的堤内尔大厅和圣亚佳塔皇室礼拜堂以及俯瞰哥特区街景的瞭望塔。

新广场

- 🏠 Plaça Nova
- 🚌 搭乘地铁 4 号线在 Jaume I 站下车，后步行约 6 分钟可达

　　新广场位于哥特区的北面，这座城市的起源由此展开，曾被称为巴西诺的它，四周曾环绕着一道城墙，不过如今只保留下两座用来防御城门的半圆形塔楼以及一条横向的通道。一旁还可以看见一小段仿造古罗马水道桥的建筑。如今，在这座宽敞的广场上林立着咖啡馆、

饭店和餐厅，每周四还会举办古董集市，它同时也是巴塞罗那传统节庆的举办场所，届时会表演加泰罗尼亚的传统舞蹈——萨特达内斯舞（Sardanas）。

巴塞罗那达利美术馆

🏠 Edificio Real Circulo Artsticoc/Arcs 5

🚇 搭乘地铁 4 号线在 Jaume I 站下车，后步行约 6 分钟可达

📞 93-3181774

🕙 10:00-22:00

💴 全票 10 欧元

🌐 www.dalibarcelona.com

　　喜爱达利的画迷们，不必千里迢迢跑到达利的家乡菲格列斯（Figueres）去，巴塞罗那皇家艺术圈（Real Círculo Artistico Barcelona）收藏了众多达利的艺术作品，并把它们陈列在总部所在的皮尼亚泰利宫（Palacio Pignatelli）里，让画迷们就近即可欣赏。

　　位于新广场旁的巴塞罗那达利美术馆外表看起来并不起眼，但内部收藏了达利不同时期的作品，包括水彩、素描、油画、雕塑、版画、照片等超过 700 件，分门别类地展示、完整地记录了达利超现实主义的创作历程，既丰富又精彩。

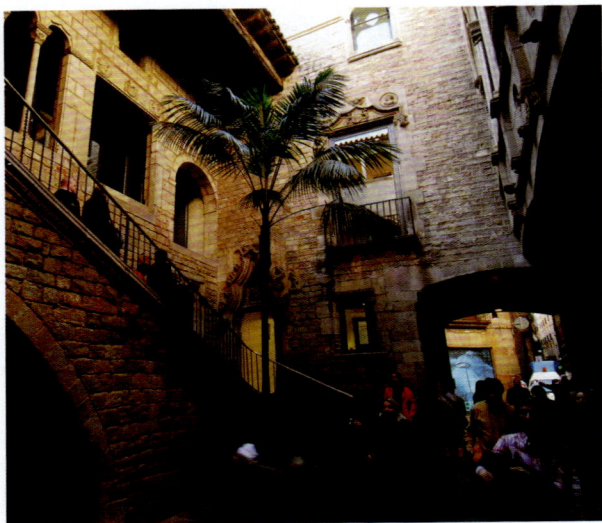

毕加索
美术馆

🏠 Calle Montcada 15–23

🚇 搭乘地铁 4 号线在 Jaume I 站下车，后步行约 5 分钟可达

☎ 93-2563000

🕐 周二至周日 9:00–19:00，周四延长至 21:30（周一及节假日休息）

¥ 博物馆加临时展全票 14 欧元、优惠票 7.5 欧元；临时展全票 6.5 欧元、优惠票 4.5 欧元

🌐 www.museupicasso.bcn.es

必游之地
MUST-VISIT PLACES

　　这家位于巴塞罗那的毕加索美术馆，可谓 20 世纪最伟大的画家毕加索在西班牙最重要的美术馆。馆藏以毕加索早期的创作为主，包括《初领圣体》(*La Primera Comunío*)、《科学与慈爱》(*Ciència i Caritat*)、《侍女》(*Las Meninas*)、《母亲肖像》和《父亲肖像》(*Retrat de la Mare de l'Artistay El Padre del Artista*) 等；虽然毕加索的《阿威侬的姑娘》或《格尔尼卡》等名画并未收藏于这家美术馆中，不过在 4 000 多幅馆藏作品中，可以看到这位画家如何从青涩迈向成熟，最后创作出自己风格的画风。透过素描、版画、陶艺品、油画等作品，毕加索早期居住在巴塞罗那和巴黎时期的创作，以及晚年师法·委拉斯盖兹等大师名画的解构主义画作形成强烈对比，让人见识到他贯穿现代艺术各流派的绘画才华。

奥古斯都神庙	🏠 Carrer del Paradís 10
	🚇 搭乘地铁 4 号线在 Jaume I 站下车，后步行约 5 分钟可达
	☎ 93-2562122
	🕐 周二至周六 10:00-19:00，周日 10:00-20:00，周一和部分假日 10:00-14:00
	¥ 免费
	🌐 museuhistoria.bcn.cat

　　大教堂后方的巷子里，一栋哥特式建筑低矮的拱门里，竟隐藏着一座高大的罗马神庙遗址。尽管撑起神庙的数十根科林斯式石柱如今只保留下 3 根，然而依旧可以想象这座兴建于公元前 1 世纪的建筑何其庞大。这座起初为异教徒信仰中心的建筑，扮演着巴西诺这座古城的市民广场长达了 4 个世纪的时间，后来逐渐失去功能的它，经历过多次改建。在古罗马时期，对于奥古斯都的崇拜不但获得了政府的认可，同时该信仰和政治之间还有着紧密的关系。

　　如今围绕于神殿四周的建筑，出现于中古世纪，当时的建筑师和业主决定不破坏它，因而形成今日这番独特的面貌。事实上 20 世纪下半叶时，一度引发是否该将神庙迁往公共空间的争议，不过最后它还是留在了原地方。

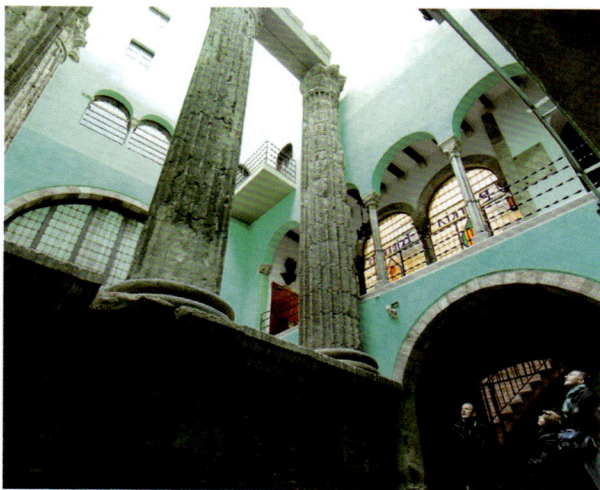

副主教府邸

⌂ Santa Llúcia 1
🚇 搭乘地铁 4 号线在 Jaume I 站下车，后步行约 6 分钟可达
☎ 93-3181195
🕐 7—8 月周一至周五 9:00-19:30，9 月至次年 6 月周一至周五 9:00-20:45、周六 9:00-13:00（7—8 月周六和全年周日休息）
💴 免费

　　坐落于新广场另一侧的副主教府邸，从 12 世纪开始就是教会领导阶层的住所，然而经历时代的变迁，经过多次改建，像是 16 世纪时增建连接院长府邸的建筑与中庭回廊、哥特式建筑中新添的文艺复兴式装饰……融合了各个时期的风格。

　　尽管拥有美丽的阳台与中庭，然而副主教府邸最让人津津乐道的，还要数位于门口的信箱。1895 年时，律师协会（Col·legi d'Advocats）以此为家，委托建筑师路易·多明尼克·依·蒙塔奈尔（Lluís Domènech i Montaner）设计了这个拥有乌龟与燕子图案的信箱，3 只燕子象征司法自由，乌龟则代表官僚政治的程序。

海上圣母教堂

⌂ Plaça de Santa María
🚇 搭乘地铁 4 号线在 Jaume I 站下车，后步行约 5 分钟可达
☎ 93-3102390
🕐 周一至周六 9:00-13:30、16:30-20:00，周日和假日 10:30-13:30、16:30-20:00
💴 免费

　　历经 5 年时间就完工的海上圣母教堂，兴建于 14 世纪，当时是巴塞罗那海上贸易繁荣的年代，国王豪梅二世下令在这处海洋与大陆的交界、中世纪城市的商业中心兴建一座教堂，而它日后也成为每位出海的水手或游人出航前向圣母祈求平安的地方。

　　完全以加泰罗尼亚哥特式风格兴建的海上圣母教堂，拥有非常宽敞、高大的主殿，然而内部装饰却显得异常简朴，只有八角形的柱子撑起高耸的肋拱。在教堂的大门上，装饰着曾经兴建教堂时的运石工雕刻画。

<table>
<tr><td rowspan="6">加泰罗尼
亚音乐厅
♥   ♣</td><td>⌂ Calle Sant Pere Més Alt s/n</td></tr>
<tr><td>🚇 搭乘地铁 1、4 号线在 Urquinaona 站
下车，后步行约 3 分钟可达</td></tr>
<tr><td>☎ 90-2475485</td></tr>
<tr><td>🕐 售票中心周一至周六 10:00-21:00、周日与假
日表演开始前 2 小时。参观音乐厅需参加导览行
程，每天 10:00-15:30，复活节和 8 月延长至
18:00，导览行程约 55 分钟</td></tr>
<tr><td>💶 表演视演出和座位而异；导览行程全票 18 欧元、
优惠票 11 欧元</td></tr>
<tr><td>🌐 www.palaumusica.org</td></tr>
</table>

星级推荐

❗ 导览行程从 9:30 开始售票，每场都有人数限制，
最好预先购票。音乐厅内严禁拍照

　　这座造型奇特的音乐厅耸立于狭窄的巷弄间，兴建
于 1905—1908 年，由与高迪同时期的另一位现代主义建
筑大师多明尼各（Lluís Domènech i Montaner）设计，原
本只是一座为当地著名的合唱团（Orfeo Català）使用的
表演场所，现在却成为巴塞罗那市立管弦乐团长期表演
的音乐厅。

感恩大道与不协调街区

🏠 Passeig de Gràcia

🚇 搭乘地铁 2、3、4 号线在 Passeig de Gràcia 站下车

星级推荐

　　建筑师佩雷·法尔克斯（Pere Falqués i Urpí）替感恩大道设计了今日仍照耀道路的街灯与美丽的长椅，后来高迪等新艺术建筑师纷纷替它增添了崭新的面貌，感恩大道成为巴塞罗那最时髦的地方，连它地上铺设的地砖也比巴塞罗那其他街道漂亮。如今道路两旁的精品名店和附设露天座位的餐厅，更让它有着媲美巴黎香榭丽舍大道的氛围。

　　一出感恩大道地铁站，就是不协调街区，之所以有这样的名称，据说和耸立于上方的 3 栋建筑有关：毗邻而立的莫雷拉之家（Casa Lleó-Morera）、阿玛特勒之家（Casa Amatller）和巴特罗之家（Casa Batlló）虽然同样出自现代建筑大师之手，但风格各异，彼此产生截然不同的冲突感。

巴特罗之家

⌂ Passeig de Gràcia 43
🚇 搭乘地铁 2、3、4 号线在 Passeig de Gràcia 站下车，后步行约 2 分钟可达
☎ 93-2160306
🕐 9:00-21:00
💴 全票 21.5 欧元，优惠票 18.5 欧元
🌐 www.casabatllo.es

必游之地 MUST-VISIT PLACES

　　这座美丽的建筑虽然并非高迪所建，却是经由高迪之手从里到外大变身。巴特罗之家的主人和奎尔同为纺织业中的巨子，他买下了这栋建于 1877 年的建筑后，却因隔壁 1900 年落成的阿马特勒之家（Casa Amatller）装饰得非常漂亮，于是找来了高迪替他的旧宅改头换面。巴特罗之家目前开放顶楼、底楼、一楼与后院，建议停留半天时间，仔细欣赏，特别是在黄昏前 1 ～ 2 小时前来，可以欣赏到白天与夜晚两种截然不同的风情，入夜后在温暖灯光的照射下，这栋建筑显得更加梦幻。

安东尼·达比埃斯美术馆

- Carrer d'Aragó 255
- 搭乘地铁 2、3、4 号线在 Passeig de Gràcia 站下车，后步行约 3 分钟可达
- 93-4870315
- 周二至周日 10:00-19:00（周一、元旦、1 月 6 日、圣诞节休息）
- 全票 7 欧元、优惠票 5.6 欧元
- www.fundaciotapies.org

从巴特罗之家旁的道路左转后步行约 2 分钟，会看见一栋屋顶犹如纠结着一团铁丝的红砖色建筑。事实上这是一栋兴建于 1880—1885 年的现代主义建筑，由多明尼各设计，原本为出版社，后来于 1990 年时改设为巴塞罗那最具创造力与吸引力的艺术中心。里面展出的正是这位巴塞罗那出生的西班牙画家的作品，从它今日保存下来的格局，依旧可以看出曾经的模样。

米拉之家

- Carrer del Provença 261-265
- 搭乘地铁 3 号线在 Diagonal 站下车，后步行约 3 分钟可达
- 90-2400973
- 3—10 月 9:00-20:00，11 月至次年 2 月 9:00-18:30（节假日休息）
- 全票 16.5 欧元、优惠票 14.85 欧元、语音导览 4 欧元
- www.lapedrera.com/en/home

MUST-VISIT PLACES 必游之地

兴建于 1906—1910 年，堪称是高迪落实自然主义最成熟的作品。从里到外，整个结构既无棱也无角，全无直线的设计营造出无穷的空间流动感。米拉之家不仅是栋建筑，也是件大型雕塑。不过，其命运坎坷，原为工业巨子的豪宅，后来却沦为赌场，也曾变身为补习班教室和分租公寓。1984 年被联合国教科文组织列入《世界遗产名录》之后，才在 1986 年由加泰罗尼亚储蓄银行文化中心（Centre Calture Caixa Catalunya）买下整修，重现其美丽。目前只开放高迪建筑展览室和一间由其设计的公寓。

卡佛之家

⌂ Carrer de Casp 48
🚇 搭乘地铁 1 号线在 Urquinaona 站下车，后步行约 8 分钟可达
☎ 93-4124012
🕐 周一至周六 13:00-15:30，20:30-23:00（周日及假日休息）
🌐 www.casacalvet.es

　　高迪在其有生之年唯一获得的建筑奖项，就是 1900 年刚落成的卡佛之家获得巴塞罗那市议会颁赠的同年"最佳巴塞罗那建筑奖"。

　　卡佛之家是纺织品实业家卡佛的居所及办公室。高迪在一层设计的一座仓库与一间办公室，现在已改设为餐馆和主要入口。繁复的雕塑、典雅的海湾波浪形阳台，洋溢着浓厚的巴洛克式风格，同时也丰富了门面的立体视觉。想要参观内部，唯一的方法就是到原本是办公室的卡佛餐厅用餐，不过，这家餐厅消费并不便宜，平日商业午餐 34 欧元起。

文生之家

⌂ Carrer les Carolines 18-24
🚇 搭乘地铁 3 号线在 Fontana 站下车，后步行约 8 分钟可达
❗ 目前为私人住宅，不对外开放

　　初见到花花绿绿的文生之家，那种仿佛看见童话屋般的愉悦心情，可真让人打心底佩服屋主与建筑师的大胆与创意。这座瓷砖制造商的私人宅第，正是高迪成为建筑师之后，初试啼声的处女作。虽然和之后摒除直线的设计明显不同，文生之家还是透露出了日后高迪的设计风格，例如在奎尔公园等处都可见到的棕榈叶铸铁大门，以及铺满马赛克的摩尔式高塔。而文生之家的窗户外令人叹为观止的复杂铸铁结构，也预告了其在高迪建筑中所占分量之重。

圣家堂

- 🏠 Carrer de Mallorca 401
- 🚇 搭乘地铁 2 或 5 号线在 Sagrada Família 站下车，步行约 1 分钟即达
- ☎ 93-2073031
- 🕐 4—9 月 9:00-20:00，10 月至次年 3 月 9:00-18:00，圣诞节、12 月 26 日、元旦、1 月 6 日于 14:00 休息
- 💶 圣家堂全票 14.8 欧元，圣家堂加塔楼全票 19.30 欧元，圣家堂加导游或语音导览全票 19.30 欧元，圣家堂加奎尔公园的高迪之家博物馆全票 18.3 欧元
- 🌐 www.sagradafamilia.org
- ❗ 搭乘电梯前往塔上参观的人，须于票上标记的梯次时间前往

MUST-VISIT PLACES 必游之地

高迪设计圣家堂的灵感来自蒙瑟瑞特（Montserrat）圣石山，预计由 18 根高塔和 3 座立面组成。外围的每座立面各有 4 座高塔，高达 94 米，代表耶稣的 12 个门徒；内圈则有 4 根高 107 米的塔，代表 4 位传福音者；最后是 2 根位于中央更高的塔，分别代表圣母玛丽亚以及至高的耶稣。

已经修建超过一个世纪的圣家堂，如今已完成教堂内部的主要结构，剩下的装饰与塔楼等部分，建筑师正努力在公元 2020 年以前全部完工，就请大家拭目以待吧。

圣十字暨圣保罗医院

🏠 Carrer de Sant Antoni Maria Claret 167

🚇 搭乘地铁 5 号线在 Sant Pau Dos de Maig 站下车，后步行约 5 分钟可达

☎ 93-3177652

🕐 4—10 月周一至周六 10:00-18:30、11 月至次年 3 月周一至周六 10:00-16:30，周日及假日 10:00-14:30；每天固定时间有英、法、西语等专人导览行程，可事先上网查询

💴 全票 8 欧元、专人解说导览 14 欧元，优惠票 8 折

🌐 www.santpau.es；www.santpaubarcelona.org/en

必游之地 MUST-VISIT PLACES

如果说一家医院美不美丽，对于病人的病情有很大的影响，那么，住在圣十字暨圣保罗医院里的病人，应该都会很快就康复出院了吧！设计莫雷拉之家的建筑师多明尼克坚信分栋式病房、新鲜空气、绿意环绕、丰富的色彩和艺术，才是对病人最具有疗效的医疗环境。因此他在设计圣保罗医院时，就设计了一座拥有 26 间分栋式建筑的花园，每栋都像是一座小小的马赛克城堡，充满了摩尔风情，不但园内花团锦簇，进门的大厅内还有美丽的壁画，难怪会被列入《世界遗产名录》。

阿格巴塔

🏠 Plaça de les Glòries Catalanes

🚇 搭乘地铁 1 号线在 Glòries 站下车，出站后即可看见；亦可搭 5 或 6 号地面电车，在 Glòries 站下

🌐 www.torreagbar.com

有 38 层楼的阿格巴塔高 142 米，目前是巴塞罗那第三高的建筑物，由阿格巴集团委任法国建筑师尚·努维尔（Jean Nouvel）设计，他以蒙瑟瑞特山（Montserrat）为创作灵感，表现出间歇泉上升到空中的景象，但是诡异的造型仍引来不少联想，让这座塔楼有了"手榴弹""胶囊"等绰号。它是一幢办公大楼，外层的玻璃让建筑物本身的色彩透出来，充满前卫的科技感，在阳光下分外耀眼；太阳下山后，建筑里的灯光透出来，又是另一番风情。

奎尔公园

🏠 Carrer D'Olot s/n

🚇 搭乘地铁 3 号线在 Vallcarca 站下车，然后步行加借助户外电梯可直登公园的高处 Passatge de Sant Josep de la Muntanya，路程约 15 分钟；亦可在 Lesseps 站下，然后步行约 20 分钟抵达公园的正门

☎ 90-2200302

🕐 8:00-21:00

💰 公园免费；高迪之家博物馆全票 8 欧元、优惠票 5.6 欧元；高迪之家博物馆和圣家堂套票全票 18.3 欧元

🌐 www.parkguell.es/en/portada

MUST-VISIT 必游之地 PLACES

　　奎尔公园建于 1900—1914 年，高迪利用高低起伏的地形，搭配蘑菇、糖果屋和七彩大蜥蜴的童话趣味，创造出他最具色彩的作品之一，虽然最后并未真正落成，但仍广受游客欢迎。此外，高迪也在公园里为自己设计了一栋房子，他曾短暂居住于此，如今已成为高迪之家博物馆（Casa-Museu Gaudí），陈列高迪所设计或使用过的家具，是集高迪建筑作品中经典元素的大成。

加泰罗尼亚美术馆

🏠 Palau Nacional, Parc de Montjuïc

🚇 搭乘地铁 1、3 号线在 Espanya 站下车，后徒步 10 分钟，或转搭公车 50 号可达

☎ 93-6220360

🕐 5—9 月周二至周六 10:00-20:00，10 月至次年 4 月周二至周六 10:00-18:00；全年周日与假日 10:00-15:00（周一和节日休息）

💰 全票 12 欧元（两日券）、优惠票 8.4 欧元。与西班牙村联票全票 18 欧元、优惠票 12.6 欧元。每周六 15:00 起、每月的第一个周日免费入场

🌐 www.mnac.cat

　　以宏伟的西班牙广场为前景，加泰罗尼亚美术馆收藏了加泰罗尼亚地区珍贵的 11—13 世纪罗马艺术品，是对中古世纪艺术与建筑感兴趣的游客不可错过的必访之地。在这里，可以细细欣赏为数众多、来自比利牛斯山附近教堂的珍贵中古世纪艺术壁画，尤其是圣克里蒙特教堂（Iglesia de San Clemente）的《全能的基督》（*El Pantocrátor*）。

西班牙村

🏠 Av. Marquès de Comillas 13

🚇 搭乘地铁 1、3 号线在 Espanya 站下车，后转搭公车 13、150 号可达

☎ 93-5086300

🕐 周一 9:00-20:00、周二至周四、周日 9:00-24:00、周五 9:00 至次日 3:00、周六 9:00 至次日 4:00

💰 全票 11 欧元、优惠票 6.25 欧元；与加泰罗尼亚美术馆联票全票 18 欧元、优惠票 12.6 欧元

🌐 www.poble-espanyol.com

MUST-VISIT PLACES 必游之地

　　为了 1929 年的世界博览会而建，这座主题乐园集结了西班牙境内 17 个地区最有特色的建筑，包括阿维拉的城墙、安达鲁西亚的中庭与白色房舍、塞哥维亚的伊莎贝尔式建筑，以及卡萨雷斯的 15 世纪豪宅等。就像一座巨型的小人国或文化村，让游客不需耗时费工，就能深入西班牙各处，幻想自己身在当地的情景。博览会结束后，这些建筑成了供应各地料理的餐厅以及手工艺坊。

米罗	
美术馆	

🏠 Parc de Montjuïc s/n

🚇 搭乘地铁 1、3 号线在 Espanya 站下车，后步行约 30 分钟，或转搭 55、150 号公车前往。也可搭乘地铁 2、3 号线在 Paral-lel 站下车，转蒙居易缆车（Funicular de Montjuïc）上山前往

☎ 93-4439470

🕐 7—9 月周二至周六 10:00-20:00，10 月至次年 6 月周二至周六 10:00-19:00，周四延长至 21:30 休馆，周日与假日 10:00-14:30（周一休息）

💴 全票 11 欧元、优惠票 7 欧元

🌐 www.fundaciomiro-bcn.org

这座位于犹太丘上的米罗美术馆，由画家米罗的好朋友约瑟夫·路易斯·舍特（Josep Luis Sert）设计，原本是一座基金会，1975 年时才以博物馆之姿对外开放。这里可以说是全球收藏米罗作品最完整的地方，包括雕塑、版画、绘画、素描等作品多达千件，其中包括展出于米罗广场上的大型雕塑《女人与鸟》（*Mujer y Pájaro*）的模型、《星座》（*Constellations*）系列等。此外，馆内还有一间展览室展出马蒂斯（Henri Matisse）、马克斯·恩斯特（Max Ernst）以及理查德·塞拉（Richard Serra）等艺术家赠给他的作品。米罗美术馆也举办现代艺术展览，以及一些现代音乐会、座谈会等活动。

<table>
<tr><td rowspan="6">奥林匹克
运动场与
运动
博物馆</td></tr>
</table>

⌂	Pg. Olimpic s/n
🚇	搭乘地铁 1、3 号线在 Espanya 站下车，后转搭公车 13、55、150 号可达
☎	运动博物馆 93-2925379
🕐	运动场 4—9 月 10:00-20:00，10 月至次年 3 月 10:00-18:00；运动博物馆 4—9 月周二至周六 10:00-20:00，10 月至次年 3 月周二至周六 10:00-18:00，全年周日与假日 10:00-14:30（周一和节日休息）
¥	运动场免费；运动博物馆全票 8 欧元、优惠票 5 欧元
🏠	运动场 www.fundaciobarcelonaolimpica.es；运动博物馆 www.museuolimpicbcn.com

　　这座位于巴塞罗那西南方山丘上的运动场，最初的历史可是追溯到公元 1929 年的世界博览会，它一直以来都是当地重要运动赛事的主要场所。1936 年的人民奥运、1955 年时的地中海运动会等，后来为了 1992 年的奥运会，在意大利建筑师维多利欧·格里高蒂（Vittorio Gregotti）的改造下，昔日的建筑内部被掏空重建，只保留了外部。新落成的大看台可容纳将近 5.6 万名观众，据说当年奥运会时，挤满了将近 7 万人。

　　在运动场南端坐落着奥林匹克博物馆，陈列着 1992 年巴塞罗那奥运会相关的照片、报道及影片，另外还有一些知名运动员的用品，包括巴西足球明星罗纳尔多（Ronaldinho）的一双球鞋。

圣德雷沙学院

🏠 Carrer de Ganduxer 85-105
🚇 搭乘 FGC 铁路列车在 Les Tres Torres 站下车，后步行前往约 5 分钟可达
☎ 93-2123354
❗ 内部平日不对外开放，如欲参观可打电话预约

　　圣德雷沙学院是一家私立天主教女子学校，也是由高迪设计的建筑，和高迪另一个作品奎尔别墅有异曲同工之妙。这两栋建筑都以红砖为主要建材，并以红砖的排列变化作为装饰，散发着浓浓的摩尔建筑风情，从建筑的各个部分都能发现高迪惊人的巧思。同时，在这栋建筑中，高迪运用了许多拱形设计来取代梁柱。摩尔风情的细长尖拱，刚好符合教会的保守作风，可以说是极为巧妙的结合。当然，高挂在建筑物一角的耶稣缩写"JHS"，以及繁复的铁铸门扉，让人一眼就能辨识出设计者就是高迪。

米拉勒之门

🏠 Passeig Manuel Girona 55
🚇 搭乘地铁 3 号线在 Maria Cristina 站下车，后步行约 13 分钟可达
¥ 免费

　　米拉勒社区由高迪的好朋友所拥有，他邀请高迪为其设计围绕社区的围墙和大门。高迪欣然接受，总共设计了 36 段围墙，但如今只剩正门和附近的围墙保留下来。

　　波浪状的粗石围墙由陶瓷、瓷砖、灰泥所组成，原先覆盖着金属格子的门，随时间慢慢腐蚀，如今只剩下边门。更可惜的是，正门上方的天棚也已换成复制品，并非原来高迪利用瓷砖做成龟壳状的屋顶。幸好，祥龙盘踞的栏杆以及大部分建筑依然屹立，让游客仍能从中捕捉到高迪独特的设计风格。

奎尔别墅

🏠 Av. Pedralbes, 7

🚇 搭乘地铁 3 号线在 Maria Cristina 或 Palau Reial 站下车，后步行约 15 分钟可达（中间亦可借助地面电车，至 Parada Palau Reial 站下，然后步行）

☎ 93-3177652

🕐 周六、周日的 10:15、12:15 各有一场英语导览行程（特殊时期不开放）

❗ 内部平日不对外开放，如欲参观可打电话预约

MUST-VISIT PLACES 必游之地

　　奎尔公爵委托高迪为其别墅设计马厩及门房，于是高迪设计出数栋风格不一的建筑，以配合已经存在的别墅。和高迪同时期的其他建筑没有大区别，红砖是主要建材之一，他采用多道拱顶，使马厩偌大的建筑物不需要大梁。目前奎尔别墅为加泰罗尼亚建筑学院的高迪协会所在地，平日不对外开放，游客只能在外驻足欣赏大门：一只铸铁雕塑、活灵活现的龙盘踞在大门上，门房及围墙则是利用瓷砖、陶瓷和红砖排列组合，适度佐以

色彩鲜艳的马赛克，让人目不暇接。在大门右上方，高迪的标志"G"，以及柱顶根据希腊神话"海丝佩拉蒂的果园"所设计的橘子树，值得细细欣赏。

贝列斯夸尔德

🏠 Carrer de Bellesguard 16-20

🚇 搭乘地铁 5 号线在 Diagonal 站下车，后前往 Provenca 换 FGC 铁路列车到 Av Tibidabo，再转搭巴士 123 号至 Bellesguard 站下车

❗ 目前为私人产业，内部不对外开放

　　贝列斯夸尔德是多纳·玛丽亚·萨格（Doña María Sagués）邀请高迪帮忙设计的别墅。值得细看的部分是各色不同的窗棂和阳台，高迪运用各种石块的几何排列，变化出多种图案，让每个窗子都有独特的表情，甚至有些窗框上还拼贴着星星的图案，增添了几许童趣。房屋大门旁、角落边，以及院子里镶嵌彩色瓷砖的马赛克座椅都出自高迪的助手，色彩缤纷。

奎尔 纺织村

- Colonia Güell S.A, 08690 Santa Coloma de Cervelló, Barcelona
- 从 Pl. Espanya 火车站搭乘 S4、S8、S33 线 FGC 铁路列车于 Colonia Güell 站下车，车程约 20 分钟，后沿蓝色脚印的路标前进，步行约 15 分钟可达
- ☎ 93-6305807
- ⏱ 教堂 5—10 月周一至周五 10:00-19:00，11 月至次年 4 月周一至周五 10:00-17:00；全年周六、周日和假日 10:00-15:00（节日休息）
- ¥ 教堂全票 7 欧元、优惠票 5.5 欧元
- 🌐 www.gaudicoloniaguell.org；www.coloniaguellbarcelona.com

星级推荐

　　奎尔村是奎尔安置其纺织工厂及工人之处，也是西班牙至今留存最完整的建筑与村镇古迹之一。此村镇包含一座纺织工厂、一大块住宅区以及一栋小教堂。不过，高迪仅亲自完成了奎尔村教堂地窖部分的设计，其余村镇上的房舍则由高迪的两位徒弟 F. Berenguer 以及 J. Rubió i Bellver 所完成，整个村镇整齐划一的建筑风格，令人印象深刻。

蒙瑟瑞特山

🚇 从 Pl. Espanya 火车站搭乘 R5、往 Manresa 的 FGC 铁路列车，于 Monistrol de Montserrat 站下车，车程约 70 分钟，平均每小时 1 班车，后转搭登山列车 Cremallera 前往修道院，车程约 20 分钟。也可搭乘 FGC 列车在前一站 Monistrol de Montserrat 火车站下，后转搭缆车 Aeri 上山前往修道院，车程约 10 分钟，平均每 15 分钟 1 班车

📞 圣母修道院 93-8777766

🕐 圣母修道院附设教堂 7:30-20:00，黑面圣母宝座 8:00-10:30、12:00-18:30。男童合唱团公开演出时间周一至周四 13:00、18:45，周五 13:00，周日和假日 12:00、18:45

🏠 www.montserratvisita.com；
www.abadiamontserrat.net

    距离巴塞罗那 38 千米，有座圣母修道院（Monestir）矗立在陡然凸出大地约 1236 米高的蒙瑟瑞特山上，与其说它是山，其实更像是一块巨石。这座犹如许多根指头黏在一起的怪山，经由数千万年的造山运动以及沉积和下沉等作用，形成长 10 千米、宽 5 千米的壮观山景，因而被命名为锯齿山。

达利剧院博物馆

🏠 Gala-Salvador Dalí Square 5, E-17600 Figueres

🚌 从 Estació Sants 或是 Passeig de Gràcia 火车站搭乘前往菲格列斯（Figueres）的火车，于 Figueres 站下，车程约 1 小时 50 分钟至 2 小时 20 分钟，火车班次频繁，平均每 30~60 分钟就有 1 班，从火车站前往达利剧院博物馆，步行 10~15 分钟

☎ 97-2677500

🕐 3—6 月 9:30-18:00，7—9 月 9:00-20:00，10 月 9:30-18:00，11 月至次年 2 月 10:30-18:00，周日与假日 9:00-14:00

¥ 全票 12 欧元、优惠票 9 欧元（含珠宝展览门票）

🌐 www.salvador-dali.org

星级推荐

位于巴塞罗那以北 130 多千米处的菲格列斯（Figueres）是超现实主义大师达利的家乡。他于 1904 年出生于此，15 岁就举行了个展，1974 年时将家乡的老剧场改建成达利剧院博物馆。达利总共花了 13 年的心血参与博物馆的建造工作，从展馆到展出的作品内容，都是达利呕心沥血之作，加上有其他同领域艺术家的作品，使得这里成为超现实主义风格美术馆中最重要的博物馆之一。

住在巴塞罗那

巴塞罗那文华东方酒店
Mandarin Oriental Barcelona
★★★★★

🏠 Passeig de Gràcia 38-40
🚇 搭乘地铁 2、3、4 号线在
　　Passeig de Gràcia 站下车，
　　后徒步约 2 分钟可达
☎ 93-1518762
🌐 www.mandarinoriental.
　　com/barcelona

　　巴塞罗那文华东方酒店位于感恩大道上，斜对面就是全市最闪亮的巴特罗之家、阿玛特勒之家和莫雷拉之家；地铁站就在门前不远处；附近不是名品专卖店，就是露天餐厅、咖啡厅，可谓占尽地利之便。酒店内豪华舒适的客房、高品质的餐饮设备、设施完善的健身中心与水疗服务等，让它成为游览巴塞罗那最完美的住宿点。

奥姆酒店
Hotel Omm
★★★★★

🏠 Carrer del Rosselló 265
🚇 搭乘地铁 3 号线在 Diagonal
　　站下车，后步行约 1 分钟可达
☎ 93-4454000
🌐 www.hotelomm.es

　　距离米拉之家不过几步之遥，奥姆酒店在 2005 年时曾获得最佳设计奖。酒店拥有 91 间客房，其中包括 4 间拥有独立客厅的套房，客厅与卧室分别从两条通道进入。另外，房间内提供日式浴衣，可以直接穿往游泳池或 SPA 中心，不必经过公共空间。酒店提供免费 Wi-Fi。

巴塞罗那希尔肯迪莱葛奈尔酒店
Silken Diagonal Barcelona
★★★★

🏠 Avenida Diagonal 205
🚇 搭乘地铁1号线在Glòries站下车，出站后步行约 2 分钟可达
☎ 93-4895300
🌐 www.hoteles-silken.com/
　　hoteles/diagonal-barcelona

　　酒店坐落于距离市中心稍远的东面，邻近地铁 1 号线的 Glòries 站和让·努维尔（Jean Nouvel）设计的阿格巴塔。酒店弥漫着艺术气息，大型玻璃鱼缸、手形沙发、圆盘天花板等。酒店拥有 228 间客房和 12 间套房，以奢华的家具和现代的观念设计出舒适的空间。

格兰纳德斯 83 号酒店
Granados 83 Hotel Barcelona
★★★★

🏠 Carrera d'Enric
　　Granados 83
🚇 搭乘地铁 3 号线在 Diagonal
　　站下车，后步行约 5 分钟可达
☎ 93-4929670
🌐 www.derbyhotels.com/en/
　　hotel-granados-83

　　这家位于新展区的四星级酒店，距离安东尼·达比埃斯美术馆和感恩大道的不协调街区仅几步之遥。酒店内共有 77 间客房，除餐厅和酒吧外，其他设施还包括露天游泳池、日光浴室和健身房等。

卡萨坎珀酒店
Hotel Casa Camper
⭐⭐⭐⭐

🏠 Carrer d'Elisabets 11

🚇 搭乘地铁 3 号线在 Liceu 站下车，后步行约 8 分钟可达

☎ 93-3426280

🌐 www.casacamper.com

　　酒店坐落于兰布拉大道附近的巷弄里，距离加泰罗尼亚广场步行不过几分钟的距离，隐藏于一座 19 世纪的哥特式建筑中。酒店拥有 20 间客房和 5 间套房，以最少的装饰提供最舒适的空间，设计充满巧思，可以在房间内看见其他酒店不存在的吊床，或是面对着庭院的浴室等，让人一时不知身在何处。

SM 圣安东尼酒店
SM Hotel Sant Antoni
⭐⭐⭐

🏠 Carrer del Consell de Cent 476

🚇 搭乘地铁 2 号线在 Monumental

站下车，后步行约 3 分钟可达

☎ 93-2444415

🌐 www.hotelbcnsantantoni.com

　　该酒店是巴塞罗那住宿的好选择，地理位置优越，步行前往圣家堂约 10 分钟，地铁站也很近。酒店附近有许多餐厅、酒吧、超市和蔬果店，相当便利。

半岛酒店
Hotel Peninsular
⭐

🏠 Carrer de Sant Pau, 34

🚇 搭乘地铁 3 号线在 Liceu 站下车，后步行约 3 分钟可达

☎ 93-3023138

🌐 www.hotelpeninsular.net

　　位于兰布拉大道旁的巷子里，外观看起来小小的，但是内部空间相当宽阔，客房包围的中庭里摆满盆栽，阳光从屋顶上洒下来，很有安达鲁西亚风情。虽然只有 1 星级，房间尚且干净舒适，最重要的是交通方便，对于预算比较低的游客是不错的选择。

吃在巴塞罗那

七扇门
Restaurant 7 Portes

- Passeig Isabel II, 14
- 搭乘地铁 4 号线在 Barceloneta 站下，后步行约 4 分钟可达
- 93-3193033
- 13:00 至次日 1:00
- www.7portes.com

　　从 1836 年开幕至今的七扇门，拥有将近 180 年历史，是全巴塞罗那最古老的餐厅，然而维护得宜，整体完全看不出来老旧不说，至今依然高朋满座，每到用餐时间门外就大排长龙，建议想要在这里用餐还是事先订好座位。七扇门利用自然的当季食材，提供地道的加泰罗尼亚及地中海风味料理。

四只猫
Els Quatre Gats

- Carrer de Montsió 3
- 搭乘地铁 1、4 号线在 Urquinaona 站下，后步行约 5 分钟可达
- 93-3024140
- 13:00-15:30，19:00-23:00（圣诞节休息）
- www.4gats.com

　　这家创立于 19 世纪末的餐厅，第一份菜单还是由当时年轻的毕加索所设计的。餐厅内的陈设总会令人回味到巴塞罗那文化与艺术的精华时期，这里的下午茶十分出名，若错过下午茶时间，也可前来享用晚餐。

时光餐厅
Moments

- Passeig de Gràcia 38-40
- 搭乘地铁 2、3、4 号线在 Passeig de Gràcia 站下车，后徒步约 2 分钟可达
- 93-1518781
- 周二至六 13:30-15:30，20:30-22:30（周日、周一休息）
- www.mandarinoriental.com/barcelona

　　餐厅位于巴塞罗那文华东方酒店里，被评定为米其林二星餐厅，无疑是巴塞罗那顶级的餐厅之一。时光餐厅以高雅的金色和琥珀色为主调，厨房设有大面玻璃墙，可让顾客清楚地看见美食烹调的过程。

银行家酒吧
Banker's Bar

- Passeig de Gràcia 38-40
- 搭乘地铁 2、3、4 号线在 Passeig de Gràcia 站下车，后徒步约 2 分钟可达
- 93-1518782
- 周日至二 12:00 至次日 1:00，周三至六 12:00 至次日 3:00
- www.mandarinoriental.com/barcelona

　　银行家酒吧的酒单相当丰富，除了各式葡萄酒、气泡酒、烈酒外，更有许多鸡尾酒，不少还是特地为了这家酒吧而研发调制的。当然也有丰富的 Tapas 下酒小菜。

Blanc Brasserie & Gastrobar

- 🏠 Passeig de Gràcia 38-40 B1
- 🚇 搭乘地铁 2、3、4 号线在 Passeig de Gràcia 站下车，后徒步约 2 分钟可达
- ☎ 93-1518783
- 🕐 7:00-11:00、13:00-23:00
- 🌐 www.mandarinoriental.com/barcelona

　　巴塞罗那文华东方酒店的主餐厅，位于地下室楼层，从早上开始就客流不断。餐厅整体以白色为主色系，雕镂的花纹很有西班牙宫殿的情调。开放式的厨房，提供各种国际口味的餐点，包括传统地中海菜色，以及来自东方国家的佳肴。

El Xampanyet

- 🏠 Carrer de Montcada 22
- 🚇 搭乘地铁 4 号线在 Jaume I 站下，后步行约 7 分钟可达
- ☎ 93-3197003
- 🕐 周二至周六 12:00-16:00、19:00-23:30，周日和假日 12:00-16:00（周一和 8 月休息）

　　这家位于海上圣母教堂附近的小酒馆总是高朋满座，小小的空间里挤满了当地人，甚至以吧台为中心朝后方围成了好几圈。店内供应的 Tapas 琳琅满目，千万别错过鳀鱼，由于没有菜单，如果不知如何点单或挤不进吧台，可以请服务人员代为选择。

Singularis

- 🏠 La Rambla 51-59
- 🚇 搭乘地铁 3 号线在 Liceu 站下车，后步行约 2 分钟可达
- ☎ 93-3040637
- 🕐 周一至周五 9:30-20:00、周六、周日只在表演日开演前 1 小时到第一幕间营业
- 🌐 www.liceubarcelona.cat

　　这家位于利休剧院地下室的咖啡馆，咖啡选择多样化，还有搭配面包和蛋糕的组合，价格相当合理。除此之外，咖啡厅还有法国国包做成的三明治等点心，可以简单解决一餐，饮料还有雪莉酒、奶酒以及威士忌等酒精饮料。

Le Quinze Nits

- 🏠 Plaça Reial 6
- 🚇 搭乘地铁 3 号线在 Liceu 站下车，后步行约 3 分钟可达
- ☎ 93-3173075
- 🕐 12:30-23:30（圣诞夜和圣诞节休息）
- 🌐 www.grupandilana.com/es/restaurantes/les-quinze-nits-restaurant

　　这家餐厅坐落于皇家广场上，是兰布拉大道附近最热门的餐厅之一，平日午餐时段同样推出 10 欧元的套餐。料理以地中海风味为主。

Bar Pinotxo

- 🏠 La Rambla 91
- 🚇 搭乘地铁 3 号线在 Liceu 站下车，后步行约 3 分钟可达
- ☎ 93-3171731
- 🕐 周一至周六 6:30-16:00（周日休息）
- 🌐 pinotxobar.com

　　从圣荷西市场的正门走进去，在右面就能看到一家酒吧。这家传统市场里的老字号酒吧，长长的吧台后面就是料理台，专门运用当天送到的最新鲜食材——尤其是邻近海域捕获的生猛海鲜，以简单的手法现场烹调出一道道美味的料理，很多客人其实都是本地居民，价格实惠又充满当地的生活趣味。

La Rita

- 🏠 Carrer d'Aragó 279
- 🚇 搭乘地铁 2、3、4 号线在 Passeig de Gràcia 站下，后步行约 2 分钟可达
- ☎ 93-4872376
- 🕐 周日至周四 13:00-15:45、20:30-23:00，周五、周六 13:00-15:45、21:00 至次日凌晨（圣诞节休息）
- 🌐 www.grupandilana.com/es/restaurantes/la-rita-restaurant

　　这家位于感恩大道附近的时尚餐厅，是参观米拉之家或巴特罗之家时最棒的用餐地点之一。由于平日中午推出 10 欧元的套餐，因此就连当地人也喜欢到此大吃一顿。套餐包含前菜、主菜和甜点，以及饮料和面包，价格实惠。

购在巴塞罗那

巴塞罗那路博
Lupo Barcelona

- 🏠 Carrer de Mallorca 257
- 🚇 搭乘地铁 3 或 5 号线在 Diagonal 站下，后步行约 2 分钟可达
- ☎ 93-4878050
- 🕐 周一至周五 10:00-20:30，周六 10:00-14:00、17:00-20:30（周日和假日休息）
- 🌐 www.lupobarcelona.com

　　路博是西班牙皮式配件中的佼佼者，简洁的线条和精美的做工是路博的特色，每一季该品牌都会推出 8 款设计系列，兼具优雅与实用性，此外，还会发表部分皮带和皮件等商品。在意大利皮包博览会拿下大奖的扇形（Abanico）系列是它的代表作。

苏维拉蜡烛店
Cereria Subirà

- 🏠 Baixada de Llibreteria 7
- 🚇 搭乘地铁 4 号线在 Jaume I 站下车，后步行约 2 分钟可达
- ☎ 93-3152606
- 🕐 周一至周五 9:00-13:00、16:00-19:30，周六 9:00-13:00（周日和假日休息）

　　哥特区附近的巷弄里坐落着几家历史悠久的老店，主要出售手工制作的商品，像是这家蜡烛店就是其中之一。这里有各式各样造型的蜡烛以及精油和进口蜡烛等，另外也生产火把和油灯等。

阿尔帕葛特亚手工鞋坊
La Manual Alpargatera

- 🏠 Carrer d'Avinyó 7
- 🚇 搭乘地铁 3 号线在 Liceu 站下车，后步行约 4 分钟可达
- ☎ 93-3010172
- 🕐 9:30-13:30、16:30-20:00
- 🌐 www.lamanualalpargatera.com

　　这家手工凉鞋专卖店创立于 1951 年，随着时代的改变，老店以传统手工技术融合时代风潮，产生了今日出现扣环以及各种鞋口的造型。走进店内，一整面墙壁上的壁柜中放满各种大小的素面凉鞋，等着按照客人的喜好加上花色。位于后方的工作室中，可以看见师傅缝制凉鞋的过程。

意达加
Itaca

- 🏠 Carrer de Ferran 26
- 🚇 搭乘地铁 3 号线在 Liceu 站下车，后步行约 3 分钟可达
- ☎ 93-3013044
- 🕐 周一至周六 10:00-20:30，周日和假日 11:00-20:00
- 🌐 www.itacas.com

　　小小的店面里挤满了各式各样的东西：巴塞罗那知名景点迷你版瓷砖、高迪风格的造型咖啡杯和汤匙、彩绘米罗图案的烟灰缸、圣家堂屋顶十字的雪球、高迪建筑陶瓷模型、大大小小的奎尔公园蜥蜴造型瓷器，甚至还有弗拉门科舞者的响板……是一处给亲朋好友挑选礼物的好地方。

塔拉戈纳

坐落于一座岩石山丘上，拥抱地中海碧海蓝天的塔拉戈纳，位于巴塞罗那以南，是西班牙东北部的一座城市。

这座城市历史悠久，早在公元前218年，罗马人就在此筑城，并将港口改成要塞。12世纪，这里发展成为阿拉贡王国的重镇，商业非常繁荣。如今，它是今日黄金海岸的中心，也是昔日罗马人征服伊比利亚半岛的基地。

塔拉戈纳区分为两个区块：上城（La Part Alta）和新城（Centre Urbà），两者之间以一条美丽的徒步大道——新兰布拉（Rambla Nova）划出界线。城墙围绕的上城是罗马人苦心经营的旧城，这里依旧弥漫着中世纪的氛围，也是塔拉戈纳的重点参观地区，走在其中可以发现仍有不少遗迹等待被发现。至于新城，则是另一番车水马龙的热闹景象，展现了加泰罗尼亚第二大港的真实面貌。

塔拉戈纳交通

如何到达——火车 ⊙⊙

从马德里的阿托查火车站可以搭乘 AVE 前往塔拉戈纳，车程约 2 小时 40 分钟，火车班次频繁，平均每 2 小时就有 1 班。另外也可以从巴塞罗那的圣哲火车站搭乘 AVE、ALIVA、EUROMED 或 ARCO 等前往塔拉戈纳，车程在 33 分钟至 1 小时 20 分钟，班次非常频繁，平均每 10 ～ 40 分钟就有 1 班车。准确班次、详细时刻表及票价可上网或至火车站查询，购票可至火车站柜台。

西班牙国铁

🌐 www.renfe.com

火车站往返市区交通

塔拉戈纳有两个火车站，一个是邻近旧城的塔拉戈纳火车站，另一个则是位于塔拉戈纳城外 10 千米处的塔拉戈纳郊区火车站。从巴塞罗那出发的 EUROMED 和区域火车停靠塔拉戈纳火车站，由此步行 10 ～ 15 分钟可以达旧城；至于从马德里或巴塞罗那搭乘 AVE、ALIVA 或 ARCO 的人，都会在塔拉戈纳郊区火车站下车，由此须搭乘 Plana 巴士公司的巴士前往位于新城的巴士总站，车资每人 2 欧元，平均每 25 ～ 50 分钟 1 班车。详细时刻表可以上官网查询。

Plana 巴士

☎ 97-7214475

🌐 www.autocarsplana.com

如何到达——长途巴士 ⊙⊙

从巴塞罗那搭乘巴士前往塔拉戈纳，车程约 1 小时 30 分钟。巴士站位于新城新兰布拉大道底端，由此步行前往旧城约 20 分钟。

市区交通 ⊙⊙

塔拉戈纳的景点主要集中在上城，可以步行前往参观。

旅游咨询 ⊙⊙

塔拉戈纳旅游服务中心

🏠 Calle Major 39

☎ 97-7250795

🕐 6 月 20 日至 9 月 25 日周一至周六 10:00-20:00、周日 10:00-14:00，其他日期周一至周六 10:00-18:00、周日和假日 10:00-14:00

🌐 www.tarragonaturisme.cat

精华景点

圆形竞技场

- Parc del Miracle
- 从塔拉戈纳火车站步行前往约 10 分钟可达
- 97-7242579
- 9 月周二至周六 10:00-21:00、周日和假日 10:00-15:00，10 月周二至周六 10:00-19:00、周日和假日 10:00-15:00（周一休息）
- 全票 3.3 欧元、优惠票 1.7 欧元
- www.tarragona.cat/patrimoni/museu-historia

必游之地 MUST-VISIT PLACES

　　这座历史能追溯到公元 2 世纪的圆形竞技场位于一座山丘的斜坡，直接凿建在岩层上。昔日在罗马帝国的统治下，曾以地中海湛蓝的海水与天空为背景，上演着令人热血沸腾的战争，14 000 名观众，将这处长约 110 米、宽达 86 米的场地挤得水泄不通。

　　除了用来观赏竞赛之外，这里也是执行死刑的地方。公元 259 年时，迫害天主教徒的罗马皇帝瓦勒良（Publius Licinius Valerianus）将当时塔拉戈纳主教（Fructuous）以及他的执事在此活活烧死，然而风水轮流转，当天主教成为西班牙的国教后，这座竞技场的部分石头被拿来建造纪念 3 位殉教者的教堂。后来，伊斯兰教入侵西班牙，圆形竞技场遭到荒废，12 世纪时在上方曾兴建一座罗马式的西哥特教堂，不过该建筑在 20 世纪初时已经倒塌。如今，只剩下竞技场的遗址向世人证明曾经的繁荣。

统治者府邸与马车竞技场

- 🏠 Plaça del Rei 5
- 🚌 从塔拉戈纳火车站步行前往约 15 分钟可达
- ☎ 97-7296100
- 🕐 9 月周二至周六 10:00-21:00、 周日和假日 10:00-15:00，10 月周二至周六 10:00-19:00、周日和假日 10:00-15:00（周一休息）
- ¥ 全票 3.3 欧元、优惠票 1.7 欧元

从圆形竞技场旁的公园往上看，可以看见一栋宏伟的塔楼，犹如一块巨型、方整的积木，坐落于昔日面积辽阔的罗马大会堂（Fòrum）的一角。公元 1 世纪时，它曾是罗马统治者的官邸，到了 16 世纪后，摇身一变成为加泰罗尼亚－阿拉贡国王的皇宫，之后还一度被当作监狱使用。

马车竞赛场位于塔楼前方，可容纳 3 万人，你或许无法一眼看出它实际的面积，因为许多部分仍掩盖于四周 19 世纪的老建筑下方。这座马车竞技场被认为是保存最为完善的一座。

大会堂广场

- 🏠 Plaça del Fòrum
- 🚌 从塔拉戈纳火车站步行前往约 18 分钟可达

由于塔拉戈纳是罗马帝国统治下的行省首府，因此拥有两座大会堂，一座是位于莱里达街（Calle Lleida）的殖民地大会堂，另一座则是位于今日旧城大会堂广场的行省大会堂。由于殖民地大会堂属于地方，因此每逢重要节庆、列队欢迎皇帝、每年选举祭司等重要活动时，都是在行省大会堂举行，它扮演了该省的政治、经济中枢。大会堂长 294 米、宽 160 米，到了中世纪时开始被四周逐渐出现的房舍湮没，如今只能通过广场上剩余的一小段城墙追忆其历史。

国家考古学博物馆	🏠 Plaça del Rei 5
	🚶 从塔拉戈纳火车站步行约 15 分钟可达
	☎ 97-7236209
	🕐 6—9 月周二至周六 9:30-20:30、周日和假日 10:00-14:00，10 月至次年 5 月周二至周六 9:30-18:00、周日和假日 10:00-14:00（周一休息）
	💴 全票 4.5 欧元、优惠票 3.5 欧元
	🌐 www.mnat.cat

星级推荐

　　国家考古学博物馆建立于 1848 年，后来在 1960 年搬到了今日所在的位置。这间博物馆收藏了塔拉戈纳罗马城的大量遗迹：古罗马城墙、古建筑遗迹、绘画、织品、雕刻、碑文、陶器、珠宝和钱币，其中还有一系列公元 1 世纪时的黑白马赛克镶嵌画，甚至还有从邻近海域捞起的船锚，相当有趣。

大教堂

⌂ Pla de la Seu

🚉 从塔拉戈纳火车站步行前往约 20 分钟可达

☎ 97-7226935

🕐 3 月 17 日至 11 月 4 日周一至周六 10:00-19:00，11 月 5 日至次年 3 月 16 日周一至周五 10:00-17:00、周六延长开放至 19:00（周日及假日休息）

¥ 全票 5 欧元、优惠票 3 欧元

🔗 www.catedraldetarragona.com

MUST-VISIT PLACES 必游之地

　　大教堂始建于 12 世纪，其主要立面上高大的哥特式正门嵌着罗马式大门，上方顶着一座十字架以及一扇优美的玫瑰窗。塔拉戈纳大教堂坐落于一座罗马神庙的遗址上，该神庙曾属于行省大会堂的一部分，同时也是公元 1 世纪时行省政府的所在地。当时行省政府分建于上、下两座广场，围绕着门廊的上广场是主要的祭拜场所。

　　平日教堂入口位于回廊，在回廊的入口处有一间博物馆和一座献给塔拉戈纳守护圣人圣特克拉（Santa Tecla）的祭坛。此外，回廊中还收藏了 13 世纪的雕刻作品，该作品被认为是加泰罗尼亚地区最佳的罗马艺术品之一。

考古学步道

♥

🏠 Av. Catalunya s/n

🚇 从塔拉戈纳火车站步行前往约 20 分钟可达

🕐 夏季 10:00–21:00，冬季 10:00–19:00，假日 10:00–15:00（周一休息）

💴 全票 3.3 欧元、优惠票 1.7 欧元

MUST-VISIT PLACES 必游之地

　　坐落于旧城最北边的考古学步道，是出现于公元前 2 世纪的城墙的一部分，围绕着塔拉戈纳的它，是这座古罗马城的边界，同时也是欧洲除意大利之外最古老的罗马建筑。随着时代的发展，城墙经历了多次整修，16—18 世纪，城墙以壁垒加固，为了对抗当时的大炮，英国人还替它加了一道外墙加以保护，而考古学步道就蜿蜒于两者之间。

　　总长约 3 500 米的城墙，如今只剩下将近 1 100 米。其中最值得一看的是两座庞大的塔楼：中世纪时改建的主教塔，以及立着伊比利亚半岛最古老的罗马碑文的米纳瓦塔。此外，沿途还设有望远镜，让人能远眺海洋。

瓦伦西亚

瓦伦西亚紧邻地中海，由度里亚河（Rio Turia）灌溉沃土，丽质天成，也注定受人觊觎。公元前138年，罗马人进驻瓦伦西亚，因为迥异的文化和积极开发的手段，瓦伦西亚历经了首次民族融合和经济发展的重要阶段。公元718年，摩尔人征服此地，珍视水源的摩尔人致力规划河渠水道、开垦农地，使瓦伦西亚跃升为人口达15000的大城。瓦伦西亚四射的光芒，吸引阿拉伯人频繁进出，为当地注入文化交流及经贸改革的新鲜血液，也令瓦伦西亚享有其他城市不曾拥有的繁荣与光彩。

如今的瓦伦西亚虽已退却光环，但温和的气候、广袤的绿野、悠长的海景一如往昔，每年3月中旬举行的火节（Las Fallas）更是吸引大批游客。它或许不是游客造访西班牙的首站，但肯定在行程表上出现，这座西班牙第三大城市，自始至终自信饱满，独具魅力。

瓦伦西亚交通

如何到达——火车

从马德里的阿托查火车站可搭乘 AVE 和 ALVIA 前往瓦伦西亚，车程 1 ~ 3 小时，火车班次非常频繁，平均每 30 ~ 60 分钟就有 1 班车。另外也可从巴塞罗那的圣哲火车站搭乘长程特快列车 EUROMED、ARCO、TALGO 和 ALARIS 等前往瓦伦西亚，车程 3 ~ 5 小时，平均每 1 小时就有 1 班车。准确班次、详细时刻表及票价可上网或至火车站查询，购票至火车站。

西班牙国铁

 www.renfe.com

火车站往返市区交通

北火车站（Estación del Nord）位于市区，从火车站步行可以抵达市中心的市政厅广场（Plaza del Ayuntamiento），

大约需 5 分钟。必须注意的是，从马德里出发的 AVE 和 ALVIA，以及巴塞罗那出发的 EUROMED，目前停靠瓦伦西亚的华金索罗拉站（Estación Valencia Joaquín Sorolla），由此可在附近搭乘地铁前往市区。

如何到达——长途巴士

从马德里的南巴士总站可搭乘 Auto-Res 巴士公司的车前往瓦伦西亚，车程 4 小时至 4 小时 30 分钟，一天约 15 班车。从巴塞罗那则需从北巴士站（Estació d'Autobusos Barcelona Nord）搭乘 Alsa 巴士公司的车前往，车程约 4 小时，每天 15 班车。

Auto-Res 巴士

 www.avanzabus.com

Alsa 巴士

 www.alsa.es

长途巴士站往返市区交通

巴士站位于市区西北方，距离火车站约 30 分钟的步行路程，可搭乘 8 或 79 号巴士前往市区。

市区交通

瓦伦西亚的景点主要集中在市中心，除火节博物馆较远外，其他都可以步行的方式参观。

瓦伦西亚观光卡

想要好好参观瓦伦西亚，也可以购买瓦伦西亚观光卡，可在有效期内任意搭乘巴士、地铁、电车等大众交通工具，也可以任意进入各重要景点。24 小时 15 欧元、48 小时 20 欧元、72 小时 25 欧元，网上购买有折扣。

 shop.visitvalencia.com/en/valencia-tourist-card

瓦伦西亚观光巴士

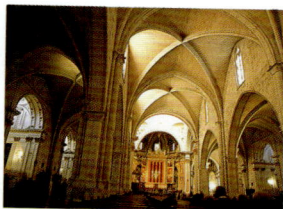

瓦伦西亚亦有双层的观光巴士，分两条路线绕行全市区的重要景点，购票可在有效期内任意上下车、换路线搭乘。24 小时全票 17 欧元、优惠票 10 欧元、48 小时全票 19 欧元、优惠票 11 欧元。

旅游咨询

瓦伦西亚旅游服务中心

总部
 Av. Cortes Valencianas 41
 96-3390390
 www.turisvalencia.es

市政厅
 Plaza del Ayuntamiento s/n
 96-3524908
 周一至周六 9:00-19:00、周日和假日 10:00-14:00
 www.turisvalencia.es

精华景点

丝绸交易中心

🏠 Plaza del Mercado s/n
🚇 从市政厅广场步行前往约 10 分钟可达
☎ 96-3525478
🕐 3月15日至10月15日周二至周六 10:00–19:00,10月16日至次年3月14日周二至周六 10:00–18:00,全年周日和假日 10:00–15:00,全年周一 10:00–14:00
¥ 全票 2 欧元、优惠票 1 欧元,周日及假日免费入场

必游之地
MUST-VISIT PLACES

这座气宇不凡的哥特式建筑,因鼎盛的丝绸商贸而于 1483 年 2 月 5 日落成启用,其后经历整修,才有了今日的规模。屋内正厅宽 21.39 米、长 35.6 米、高 17.4 米。矗立在厅内的 8 根石柱呈螺旋状,象征着扭缠的船绳和丝绸。巨大的立柱自大理石地板耸立至拱顶,许多举足轻重的经贸契约就是在拱顶下签订。

这幢见证历史的古建筑,无疑是哥特式建筑的完美代表,每个细节都呈现出创意与实用的结合,例如自外墙伸出的 28 座出水口,造型极尽夸张,导水功能无懈可击。交易中心曾有过麦仓、医院的身份,至今仍不脱商业气息,每周日在正厅定时举办钱币及邮票交易集市,游客不妨亲临现场参与买卖体验其中乐趣。

中央市场

- Plaza del Mercado s/n
- 从市政厅广场步行前往约 10 分钟可达
- 96-3829100
- 周一至周六 8:00-14:30（周日休息）
- www.mercadocentralvalencia.es

星级推荐

　　这座占地达 8 030 平方米的圆顶建筑物，是欧洲数一数二的大型市场。市场名称以瓷砖优雅地嵌在入口处。入口不大，踏进门内，才惊见数千个摊位摆卖各类蔬果、鱼肉、火腿的盛况。

　　严格地说，这并不是一处观光景点。不过，你若想采购物品，或了解当地风情，中央市场无疑是最好的选择。这里的物品齐全价廉，精力旺盛的小贩尤其能让你见识西班牙式的热情，绝对能令你满载而归。这座市场在 1928 年就营业了，对面就是赫赫有名的丝绸交易中心。

大教堂

- Plaza de la Reina
- 从市政厅广场步行前往约 10 分钟可达
- 96-3918127
- 夏季周一至周六 10:00-18:30、周日和假日 14:00-18:30，其他季节周一至周六 10:00-17:30、周日和假日 14:00-17:00 关闭
- 教堂全票 5 欧元、优惠票 3.3 欧元
- www.catedraldevalencia.es

必游之地

　　教堂始建于 13 世纪，至 1482 年落成。在教堂入口处有 3 座不同风格的大门，帕劳大门（Puerta del Palau）是罗马式风格，而水利法庭（Tribunal de las Aguas）的使徒门（Puerta de los Apóstoles）则属于哥特式，至于主大门却是巴洛克风格。

　　教堂内的主礼拜堂以金、银、翡翠、蓝宝石作为装饰，极其华丽。附设于大教堂的博物馆拥有许多珍品，其中最引人注目的是南翼礼拜堂所收藏的玛瑙杯，这只杯子传说正是耶稣在最后的晚餐中所使用的圣杯。紧倚教堂左侧的八角形钟楼（Torre del Miguelete）已成瓦伦西亚的地标，207 级螺旋梯直通楼顶，考验游客的脚力，登顶后能 360° 环视市景。

孤苦圣母教堂

⌂ Plaza de la Virgen s/n
🚇 从市政厅广场步行前往约 12 分钟可达
☎ 96-3919214
🕐 7:00-14:00、16:30-21:00
💰 全票 2 欧元、优惠票 1 欧元
🌐 www.basilicadesamparados.org

星级推荐

孤苦圣母教堂，建于 1652—1667 年。主礼拜堂呈椭圆形，安东尼·帕洛米诺（Antoni Palomino）巧绘顶棚礼赞圣母，典雅的圣母雕像手持权杖、披着长袍，慈爱地怀抱着圣子俯视着众生。立于两侧的圣文森特·马蒂尔（Saint Vicent Martir）及圣文森特·费雷尔（Saint Vicent Ferrer）出自埃斯特韦·博内特（Esteve Bonet）之手，同样深受市民敬仰。

主礼拜堂面积不大，蜂拥的人群和崇敬的诚意常溢满而出，不仅突显市民对圣母的敬仰之情，也成了圣母教堂的一大特色。信徒每年定期两次向圣母表达崇敬之意，一次为 3 月的火节，圣母将被花海所环抱；另一次在 5 月的第二个周日，信徒在当天举着圣母游行。这两大节日都有成千上万的信徒参与。

塞拉诺 城楼	🏠 Plaza de los Fueros s/n
	🚌 可搭乘 2、5、6、8、11、16、26、28、29、36、80 等号巴士，在 Torres de Serranos 站下车
	☎ 96-3919070
	🕐 周一至周六 9:30-19:00，周日和假日 9:30-15:00
	¥ 全票 2 欧元、优惠票 1 欧元，周日及假日免费入场

必游之地 MUST-VISIT PLACES

　　瓦伦西亚拥有肥美的沃土，自古以来就是兵家必争之地。为此，早在 11 世纪，穆斯林就以现今大教堂为城中心，建立起第一道城墙，也开启了一段黄金时代。1365 年，国王佩德罗四世（King Pedro Ⅳ）再筑新城墙，12 道厚实的城门围起固若金汤的气势，也拓展了 3 倍的领域面积，自此奠定瓦伦西亚独霸一方的声威。

　　到了 1865 年，由于实施都市规划整修郊区，城墙遭拆毁，如今仅留下塞拉诺城楼和奎尔特城楼（Torres de Quart）。外观威严依旧的塞拉诺城楼，由佩雷·巴拉格尔（Pere Balaguer）建于 1392—1398 年，哥特式的装饰为这处军事要塞平添几许柔美，这在当时为一大创举，直到今日仍是全欧洲知名的范例。

塞维利亚

塞维利亚是安达鲁西亚自治区和塞维利亚省的首府，是西班牙第四大都市，也是西班牙唯一有内河港口的城市。塞维利亚是一座因水兴起的城市，公元前43年建成一座城，公元11世纪，摩尔人在此建立独立王国，如今还能看到这个时期的建筑。1248年，费尔南多三世在此设立都城，从此这里繁荣起来。1492年，塞维利亚迎来鼎盛时期，成为西班牙海外贸易的重要地。

今日的塞维利亚可以说扮演着捍卫安达鲁西亚文化的角色，从佛拉门科舞、供应下酒菜的小酒馆、斗牛、春会到圣周活动，都让造访过的游客回味无穷。

乘坐马车漫游石板路、在酒馆的露天座位边聊天边品尝 Tapas 下酒菜、迷失在王宫内的中庭、穿梭于圣十字区蜿蜒的街道上、攀爬大教堂的钟塔俯瞰这座城市、在西班牙广场上追忆20世纪初美洲博览会的盛况，以及在春会期间参与西班牙最热闹的盛宴……这些都是游客在塞维利亚不可错过的体验。

塞维利亚交通

如何到达——火车

从马德里的阿托查火车站可搭乘 AVE 和 ALVIA 前往塞维利亚，车程约 2 小时 40 分钟，火车班次非常频繁，平均每 30～60 分钟就有 1 班车。另外从格拉纳达可搭乘中程火车 MD 前往塞维利亚，车程约 3 小时 10 分钟，每天约 4 班车。从科尔多瓦可搭乘 AVE、AVANT，以及 MD 前往塞维利亚，车程 45 分钟至 1 小时 25 分钟，火车班次非常频繁，平均每 6～30 分钟就有 1 班。准确班次、详细时刻表及票价可上网或至火车站查询，车票可至火车站柜台购买。

西班牙国铁

🌐 www.renfe.com

火车站往返市区交通

塞维利亚的圣胡斯塔火车站（Estación de Santa Justa）位于城市东边，和旧城市中心有些距离，由此可搭乘 32 号巴士前往修道院广场（Plaza de la Encarnación），该站为终点站，由此可步行前往市中心景点。或是搭乘 70 和 C1 号巴士前往圣塞巴斯提安普拉多巴士总站（Estación de Autobuses de Prado de San Sebastián），另外也可搭乘经过火车站的机场巴士，前往位于阿卡乍堡附近的赫雷斯门（Puerta de Jerez）。

搭巴士是前往市区最方便的方式，从火车站到大教堂大约10欧元。

如何到达——长途巴士

除火车外，搭巴士前往塞维利亚也相当方便，尤其是从安达鲁西亚的其他城市前往。从马德里的南巴士总站搭乘 Socibus 巴士公司的车前往，车程约6小时，每天12～16班车。从巴塞罗那搭 Alsa 巴士公司的车前往则需16小时，一天约8班。从格拉纳达或科尔多瓦搭乘巴士前往，车程各需3小时至3小时30分钟或2小时至2小时30分钟。

Socibus 巴士
www.socibus.es

Alsa 巴士
www.alsa.es

长途巴士站往返市区交通

塞维利亚有两个主要的巴士站，圣塞巴斯提安普拉多巴士总站位于塞维利亚大学（Universidad de Sevilla）附近，往返于安达鲁西亚其他大小城镇的巴士几乎都停靠于此，由此可步行前往各景点；至于从马德里、巴塞罗

那和里斯本等长程线巴士，则主要停靠于河畔、省立美术馆（Museo Provincial de Bellas Artes）附近的阿玛斯广场巴士总站（Estación de Autobuses de Plaza de Armas），从这里步行前往大教堂约20分钟。

市区交通

景点大多集中于旧城市中心，彼此间皆可以步行方式前往。

旅游咨询

塞维利亚旅游局
🏠 Plaza de Triunfo 1-3
☎ 95-4210005
🕐 周一至周五 9:30-19:00、周六 10:00-14:00
🌐 www.turismosevilla.org

安达鲁西亚游客服务中心
宪法大道
🏠 Avda. de la Constitución 21 B
☎ 95-4787578
🕐 周一至周五 9:00-19:30、周六、周日和假日 9:30-15:00
🌐 www.andalucia.org

圣胡斯塔火车站
🏠 Avda. Kansas City s/n
☎ 95-4782002
🕐 周一至周五 9:00-19:30、周六、周日和假日 9:30-15:00

精华景点

塞维利亚大教堂和希拉达塔

🏠 Avenida de la Constitución s/n
🚌 从圣塞巴斯提安普拉多巴士总站步行约10分钟可达
☎ 90-2099692
🕐 7—8月周一 9:30-15:30、周二至周六 9:30-16:00、周日 14:30-18:30，其他月份周一 11:00-15:30、周二至周六 11:00-17:00、周日 14:30-18:00（假日休息）
¥ 全票 8 欧元、优惠票 3 欧元
🌐 www.catedraldesevilla.es

MUST-VISIT PLACES 必游之地

　　塞维利亚大教堂始建于 1401 年，是全世界第三大教堂，仅次于罗马的圣彼得大教堂和米兰的米兰大教堂。整座教堂融合了多种建筑风格。

　　庞大的体积和富丽堂皇的装饰是大教堂的特色，尽管如此教堂在整体结构上却不复杂：中央的主礼拜堂（Capilla Mayor）和唱诗班席犹如两个巨大的盒子彼此对望，两侧环绕着礼拜堂。中央圆顶高 42 米，下方的主礼拜堂中坐落着大教堂的镇堂之宝——祭坛屏风，这座堪称全世界最大的祭坛屏风，上面装饰了超过 1000 位圣经人物雕像，屏风下还有一座供奉圣母与圣子的神龛。

　　教堂内另一处吸引人的景点，是哥伦布灵柩。除了大教堂之外，也别错过希拉达塔（La Giralda），高 98 米的它，外观装饰着精致的灰泥浮雕，顶端有座手持君士坦丁棋子的女人雕像，是塞维利亚最著名也最漂亮的地标。

阿卡乍堡

🏠 Patio de Banderas s/n

🚶 从大教堂步行前往约 1 分钟可达

☎ 95-4502324

🕐 4—9 月 9:30-19:00，10 月至次年 3 月 9:30-17:00

💰 全票 9.5 欧元、优惠票 2 欧元

🖱 www.alcazarsevilla.org

❗ 主要入口在 Plaza del Triunfo 上的狮子门（Puerta de León）

阿卡乍堡曾被当作皇宫使用，是西班牙境内保存最完好的穆德哈尔式建筑之一。位于建筑中心的少女中庭（Patio de las Doncellas），原是皇宫的朝政中心，共分为上下两层，四周环绕着回廊。一楼的多层式拱门与精致的钻石形灰泥壁雕是格拉纳达工匠的杰作，壁缘上嵌着阿拉伯花纹的多彩瓷砖，十分精美。建于公元 1427 年的使节厅（Salon de Embajadores），有一座镶金木雕圆顶，圆顶上装饰着星星状的图案，代表宇宙，它是整座皇宫里最精致的大厅，原来是穆德哈尔式宫殿的加冕厅，四周被 8 个长方形的卧室所包围，其中 3 面墙嵌着三重式科尔多瓦风格的马蹄拱门，这些马蹄拱门上方又被一个大型的拱状穹顶所包围，雕饰华丽。除了穆德哈尔式宫殿之外，这里还有数座美丽的中庭与花园值得参观。

玛丽亚路易莎公园

🏠 Parque de María Luisa

🚌 从大教堂步行前往约 15 分钟可达

🕐 9 月至次年 6 月 8:00-22:00，7—8 月 8:00 至次日凌晨

💴 免费

⭐ 星级推荐

　　公元 1893 年时，玛丽亚·路易莎王妃将圣特尔摩宫（Palacio de San Telmo）部分土地捐出，建成了这座公园。后来，为了举办 1929 年的伊比利亚——美洲博览会，将公园划分为两部分，分别设置西班牙广场（Plaza de España）与美洲广场（Plaza de América），形成了今日的面貌。

　　距离塞维利亚大学比较近的西班牙广场，是一个两旁耸立两座高大塔楼的半圆形广场，塔楼分别象征天主教双王费南度和伊莎贝尔，建筑底层设置了一座座的凉椅，分别象征西班牙的 58 个重要城市，凉椅上的彩色瓷砖展示出该市最重要的史迹并描绘出其地理位置。广场前方还有一条小运河，提供划船服务，是一个既可丰富视觉体验又能令人放松心情的地方。比较远的美洲广场上保留着昔日博览会时兴建的建筑，其中有两栋改建成了民俗博物馆和考古博物馆。

塞维利亚大学	🏠 Carrer de S. Fernando 4
	🚇 从大教堂步行前往约 8 分钟可达
	☎ 95-4551000
	🕐 学生上课时间均开放
	🌐 www.us.es

星级推荐

　　塞维利亚大学是西班牙顶尖的学府，不过真正让它在游客间口耳相传的，是一栋位于瓜达基维河畔的建筑。这栋建于 18 世纪的建筑，是皇家烟草工厂（Fabrica-Real de Tabacos），拥有巴洛克式的华丽外观，在侧门入口处和建筑立面上，依旧保留着"Fabrica-Real de Tabacos"字样的彩绘瓷砖与浮雕。由于昔日烟草属于国家独占经营的垄断企业，可观的利润让这座烟草厂不但得以在四周设立壕沟和监视塔，更有卫兵驻扎并设有关押收容走私贩的监狱，它还是当时全世界最大的厂房建筑，盛况可见一斑。或许正因为如此，连远在法国的剧作家梅里美（Prosper Mérimée）也以它为背景，写下了脍炙人口的《卡门》（*Carmen*）。烟草工厂一直营业到 1950 年，如今是塞维利亚大学的两大学院所在地。

慈善医院

🏠 Carrer Temprado 3
🚶 从大教堂步行前往约 7 分钟可达
📞 95-4223232
🕐 周一至周六 9:00-13:00，15:30-19:00，周日和假日 9:00-12:30
💰 5 欧元
🌐 www.santa-caridad.es

必游之地

慈善医院是一栋拥有两座中庭的建筑，各自点缀着一座分别象征慈善与慈悲的雕像，四周装饰着描绘《圣经·新约》与《圣经·旧约》场景的瓷砖镶嵌画。位于一旁的附设教堂是参观重点，它金碧辉煌的气势让人一入内就忍不住发出惊叹，位于中央的主祭坛出自西门·皮内达（Simon de Pineda）之手，以大量金饰展现巴洛克式的华丽；刻画基督葬礼主题的雕像，则是罗尔丹（Roldan）和莱亚尔（Valdés Leal）两人的杰作。除了大量的雕刻与壁饰之外，还有大量的画作装饰着教堂，其中不乏大师级的作品，尤其是塞维利亚当地著名的画家，包括慕里欧（Murillo）的《让水涌出岩石的摩西》，以及莱亚尔的《世间荣光的结束》和《夹缝中的生命》等。

圣十字区

🏠 大教堂和阿卡乍堡以东的整个地区都算是圣十字区
🚶 从大教堂步行前往约 1 分钟可达

星级推荐

公元 13 世纪时，当卡斯提亚国王费南度三世从伊斯兰教徒手中收复塞维利亚后，就将本市的犹太人集中于此，这里成为当时伊比利亚半岛除托莱多外唯一的犹太区（judería）。到了 15 世纪末，由于天主教双王下令驱逐犹太人，之后许多贵族和富商便纷纷迁居此区。

这里是较能体会古老塞维利亚的伊斯兰教风情的区域，到处是交错的巷弄与挂着鲜花的白壁屋舍，如果仔细探访，或许还会发现隐藏于建筑中的伊斯兰式中庭。传统的小酒馆、纪念品店、极具特色的餐厅……散布于圣十字区，让人忍不住随处驻足停留，来到这里，即使迷失于巷弄间也充满乐趣。

马埃斯多兰萨斗牛场

🏠 Paseo de Colón 12

🚇 从大教堂步行前往约 20 分钟可达

☎ 95-4224577

🕐 博物馆 11 月至次年 4 月 9:30-19:00，5 月和 10 月 9:30-20:00，6～9 月 9:30-23:00。斗牛活动仅在春会至 10 月间举行

¥ 博物馆全票 7 欧元、优惠票 4 欧元；斗牛门票视座位而异

🖱 www.realmaestranza.com

　　这座斗牛场被认为是西班牙最重要的斗牛场之一。建于 18 世纪，外观为鲜艳的白色和黄色，历经 120 年才落成，可容纳超过 1 万名观众。场内设有斗牛博物馆，里面收藏着丰富的斗牛器具、著名的斗牛士所留下的华丽服装，以及曾在场上将斗牛士刺死的牛头标本，其中又以毕加索绘制的斗牛披肩最引人注目。塞维利亚的斗牛季于每年的春会开始，斗牛场平日并不开放参观，游客仅可购票进入博物馆了解斗牛的历史。

彼拉多之家

🏠 Plaza de Pilatos 1
🚌 从大教堂步行前往约 15 分钟可达
☎ 95-4225298
🕐 4-10 月 9:00-19:00，11 月至次年 3 月 9:00-18:00
💴 整栋建筑 8 欧元、地面楼层 6 欧元
🔗 www.fundacionmedinaceli.org

　　彼拉多之家被喻为"塞维利亚最美丽的贵族宫殿"，这栋安达鲁西亚总督（Pedro Enriquez de Quiñones）下令修建的宅邸，在他的儿子塔理法（Tarifa）侯爵手中落成，由于侯爵曾经在 1519 年时前往耶路撒冷朝圣，于是将这栋豪宅以判决耶稣死刑的罗马总督名字——彼拉多来命名。如今这里仍是梅锡纳塞利公爵（Medinaceli）家族居住的地方。

　　这栋结合穆德哈尔式和文艺复兴风格的建筑，有美丽的瓷砖、雕刻精致的天花板以及种满绿树的中庭花园。其中特别是主中庭（Patio Principal），装饰着穆德哈尔式的灰泥壁饰与 16 世纪时的彩色瓷砖，搭配文艺复兴式的水池以及 4 尊罗马雕像，形成一种独特的氛围。1 楼通往 2 楼的楼梯间壁砖，是整座宫殿中保存得最为完整的瓷砖艺术品，相当值得一看。

塞维利亚美术馆

- Plaza del Museo 9
- 从大教堂步行前往约 20 分钟可达
- 95-4786500
- 6月16日至9月15日周二至周日10:00-17:00，9月16日至次年6月15日周二至周六10:00-20:30、周日和假日10:00-17:00（周一、元旦、1月6日、5月2日、12月26日休息）
- 每人1.5欧元
- www.museosdeandalucia.es/culturay-deporte/museos

　　围绕着三座中庭、由17世纪修道院改建而成的塞维利亚美术馆，是西班牙相当值得一看的博物馆，里面收藏了中世纪至现代的西班牙绘画，其中又以塞维利亚派的作品最有看头。

　　在这家美术馆中有几件代表作，如位于1号展览室的《哀悼耶稣之死》（*Wepping over the Dead Christ*），是15世纪塞维利亚派雕刻之父佩德罗·米兰（Pedro Millán）的作品，融合了哥特与自然主义风格；2号展览厅的《圣杰洛尼莫》（*San Jerónimo*）出自在塞维利亚度过晚年的意大利雕刻家彼埃特罗·托利贾尼（Pietro Torrigiano）之手。至于绘画方面，慕里欧的《圣告图》（*La Purisima Concepción*）和《圣胡丝塔与圣露菲娜》（*Santas Justay Rufina*）、苏巴兰的《耶稣受难》（*Jesús Crucificado Expirante*）和《圣汤玛斯·阿居纽受封》（*Apoteósis de Santo Tomás de Aquino*）、莱亚尔（Valdés Leal）的《圣杰洛尼莫的诱惑》（*Tentaciones de San Jerónimo*），以及利贝拉的《圣泰瑞莎》（*Santa Teresa*）等，都是不可错过的作品。

格拉纳达

格拉纳达是内格拉纳达省的省会，位于西班牙南部。格拉纳达历史悠久，公元前5世纪，希腊人在此建立殖民地，711年，莫尔人占领这里，并将这座城市设为首府。11世纪，格拉纳达成为独立的苏丹王国，阿尔罕布拉宫就是这一时期最好的标记。

　　格拉纳达坐落于海拔680米以上的丘陵上，以内华达山脉（Sierra Nevada）为背景，不但冬季得以望见山顶覆盖白雪的美景，夏季也因此气温略低于塞维利亚和科尔多瓦。

　　格拉纳达最重要的遗迹是举世闻名的阿拉伯建筑杰作——阿尔汗布拉宫，这座西班牙中世纪时伊斯兰教格拉纳达王国的宫殿，不论其历史意义或建筑本身，在世界上都举足轻重。除了精彩的阿拉伯建筑艺术之外，还有充满伊斯兰教风情的阿尔拜辛区，以及沿山坡而建的白色萨克罗蒙特山丘，很容易就让人掉入阿拉伯神话般的梦境。

格拉纳达交通

如何到达——火车 ➔

从马德里的阿托查火车站可搭乘 ALTARIA 前往格拉纳达，车程 4 小时 30 分钟，每天上午和下午各有 1 班车。从塞维利亚可搭乘 MD 前往，车程约 3 小时 5 分钟，每天共有 4 班。另外从科尔多瓦可搭乘 ALTARIA 前往，车程 2 小时 30 分钟，每天 2 班车。如果从巴塞罗那的圣哲火车站可搭乘白天的 ARCO 列车，或是夜间的 TRENHOTEL 火车，车程 11 小时至 11 小时 30 分钟。准确班次、详细时刻表及票价可上网或至火车站查询，车票可至火车站柜台购买。

西班牙国铁

🔒 www.renfe.com

火车站往返市区交通

格拉纳达的火车站位于市区西边，从火车站前方的安达鲁西亚大道（Avda. de Andaluces）直走到宪法大道（Avda. de la Constitución），即可搭乘 3、4、6、9 等号巴士经哥伦布格兰维亚大道（Gran Vía de Colón）前往市中心的伊莎贝尔广场（Pl. de Isabel la Católica）等地，车程约 10 分钟。

如何到达——长途巴士 ➔

从马德里的南巴士总站搭乘 Alsa 巴士公司的车前往，车程 4～5 小时，每天 12～15 班车。从巴塞罗那的北巴士站搭车前往则需 12～15 小时，一天大约 6 班车。从科尔多瓦或塞维利亚搭乘巴士前往，车程需 2 小时 30 分钟至 3 小时，每天有 8～10 班车。

Alsa 巴士

🔒 www.alsa.es

长途巴士站往返市区交通

巴士站位于西北方的郊区，由此可搭乘 3 号巴士前往大教堂附近，车程约 15 分钟。

市区交通 ➔

市区景点多在大教堂、伊莎贝尔广场、新广场附近，可步行前往。至于阿尔汗布拉宫和阿尔拜辛区等位于山坡上，不妨利用山区小巴前往。市区巴士单程 1.2 欧元。

格拉纳达观光巴士

格拉纳达有双层观光巴士，绕行市区内重要景点和阿尔汗布拉宫外侧，沿途有包含英语在内的语音导览，可在有效期内任意乘车，全程约 1 小时 20 分钟。但是因为车体较大，无法进入阿尔拜辛区和萨克罗蒙特等山区。2 日有效券全票 18 欧元、优惠票 9 欧元。

🌐 www.granadatour.com/english

格拉纳达城市通

格拉纳达推出一种城市通旅游卡，分 3 日和 5 日两种卡，3 日卡包含阿尔汗布拉宫、大教堂、皇室礼拜堂等的门票在内，并可搭乘 5 趟市区巴士；5 日卡除了景点门票外，可搭乘 9 趟市区巴士，以及 24 小时内免费搭乘双层观光巴士；购卡的人可拥有一部语音导览机，可对照城市通所提供的地图在各重要景点聆听解说；但目前尚无中文导览，且会索取押金或信用卡号码。由于目前拜访阿尔汗布拉宫皆须提前 1 天预约入场时间，购票时售票人员即会代为安排预

约事项，相当方便。售票处在新广场的一座小凉亭，由于售票时间很短，建议提前排队。

🏠 Plaza Nueva s/n
☎ 95-8210239
🕐 4—10 月 9:30-14:30、16:00-20:00（周日运营至19:00），11 月至次年 3 月10:00-14:00
🌐 www.thisis.ws/esp/ciudades/granada/granada.htm
💴 3 日卡全票 33.5 欧元、5 日卡全票 37.5 欧元；优惠票 10.5欧元

旅游咨询 ➔

格拉纳达旅游服务中心
🏠 Plaza de Mariana Pineda 10
☎ 95-8247128
🕐 周一至周五 9:00-20:00、周六 10:00-19:00、周日和假日10:00-15:00
🌐 www.turgranada.es

安达鲁西亚旅游局
🏠 Santa Ana 2
☎ 95-8575202
🕐 周一至周五 9:00-19:30、周六、周日和假日 9:30-15:00
🌐 www.andalucia.org

精华景点

阿尔汗布拉宫

🏠 Real de La Alhambra, s/n

🚌 可搭乘 30 号小型巴士前往；亦可从新广场旁的 Cuesta Gómerez 街往上坡走，通过格拉纳达门后，再沿着小径走到正义门，购票处位于轩尼洛里菲宫附近，路程约 20 分钟

☎ 95-8027971

🕐 4—10 月 8:30–20:00、周二至周六晚间 22:00–23:30，11 月至次年 3 月 8:30–18:00、周五和周六晚间 20:00–21:30（元旦和圣诞节休息）

💴 通票全票 14 欧元、优惠票 9 欧元，城堡和轩尼洛里菲花园 7 欧元，晚间全票 8 欧元

🔗 www.alhambra-patronato.es

❗ 阿尔汗布拉宫腹地广大，其中 3 个景点须持票入内（王宫、轩尼洛里菲宫、城堡），所以门票需小心保管。且每张票都标明参观王宫的时间，请依票面时间前往，否则无法入内参观；王宫的入口处靠近正义门而非大门售票处，切勿走错。由于宫殿内没有餐厅，请记得携带足够的水和食物，前往至少要半天时间。由于参观人数众多且有人数限制，尤其在夏天经常会有门票售罄的可能，最好一早就去排队，或是提前上网或电话预订门票，门票一旦预订无法更改或退换

MUST-VISIT PLACES 必游之地

阿尔汗布拉宫名称来自阿拉伯语，意思是"红色的城堡"，因为宫殿的大型红色城墙和高塔在莎碧卡山丘（La Sabica）的围绕下显得特别醒目。

阿尔汗布拉宫原为一座摩尔式碉堡，始建于13世纪，穆罕默德（Muhammed Al-Ahmar）曾加以修复，他的儿子在继位后也继续修建；14世纪时，在两位摩尔国王约瑟夫一世（Yusuf Ⅰ）和穆罕默德五世（Muhammed Ⅴ）的努力下，才开始真正修建王宫，包括正义门、浴室（baños）、格玛雷斯塔（Torre de Comares）和其他塔楼。穆罕默德五世执政时，除了将王宫建造完成，还修筑了美丽的狮子宫殿。

1474年，费南度与伊莎贝尔联姻，天主教势力大增，终于在1492年完成以天主教统一西班牙的宿愿。阿尔汗布拉宫于是落入天主教徒手中，陆续增建教堂、圣方济各修道院和要塞。之后，曾在这座宫殿中度过几个月的卡洛斯五世，更以自己的名义增建新建筑，因而有了卡洛斯五世宫殿。

18—19世纪初，阿尔汗布拉宫逐渐荒废。这里竟成为罪犯和小偷的聚集场所，拿破仑的军队也曾在此扎营，撤退时又炸毁了碉堡，仅留下两座塔楼。直到1870年，这里才被西班牙政府定为纪念性建筑。之后，在众人的努力修复下，阿尔汗布拉宫才有今日的美丽面貌，让世人得以重见这座精心雕琢的摩尔宫殿。

**皇室
礼拜堂**

⌂ Calle Oficios s/n
🚶 从伊莎贝尔广场步行约 2 分钟可达
☎ 95-8227848
🕐 春夏季周一至周六 10:15-13:30、16:00-
19:30，周日和假日 11:00-13:30、16:00-
19:30；秋冬季周一至周六 10:15-13:30、
15:30-18:30，周日和假日 11:00-13:30、
15:30-18:30（节假日休息）
¥ 每人 4 欧元
🌐 www.capillarealgranada.com

　　这座于公元 1505—1507 年为了天主教君王而建的礼拜堂，里面长眠着伊莎贝尔和费南度，以及他们的女儿胡安娜（Juana la Loca）、女婿菲力浦（Felip el Hermoso）。大型陵寝环绕着金色的栏杆，陵寝中央的豪华石棺雕像，出自佛罗伦斯雕刻家多梅尼科·凡切利（Domendico Fancelli）之手。自陵寝两侧可以走进位于地下室的纳骨堂，里面是他们的停棺之处。

　　主祭坛金碧辉煌的屏风上描绘着耶稣的生平故事，祭坛上存放着数代罗马教皇进贡给国王的圣遗骨。此外，在圣器室内还展出两位君王的雕像和一些宝物（例如伊莎贝尔的皇冠、费南度的宝剑等），以及梅林等法兰德斯艺术大师的画作。

格拉纳达大教堂

- 🏠 Gran Vía de Colón 5
- 🚋 从伊莎贝尔广场步行约 2 分钟可达
- ☎ 95-8222959
- 🕐 3—8 月周一至周六 10:45-13:30、16:00-20:00，周日及假日 16:00-20:00；9 月至次年 2 月周一至周六 10:45-13:30、16:00-19:00，周日及假日 16:00-19:00
- ¥ 全票 4 欧元、优惠票 2.5 欧元
- 🌐 www.catedraldegranada.com

星级推荐

　　自收复格拉纳达之后，在天主教君王的命令下，于公元 1523 年开始兴建这座大教堂。格拉纳达大教堂混合了哥特式、银匠式和文艺复兴风格的庞大建筑。教堂立面由 3 座大型拱门所组成，出自建造罗马凯旋门的建筑师阿罗索卡诺（Alonso Cano）的设计，这位格拉纳达出生的画家还为大教堂增加与主拜堂圆顶等高的彩绘玻璃，用来叙述圣母的故事。除此之外，炫目的黄金祭坛也相当值得一看。

阿尔拜辛区 (El Albayzín)

- 🏠 面对新广场的后方山区
- 🚋 可搭乘 31 号小型巴士，在 Plaza de San Nicolás 站下车即可

MUST-VISIT PLACES 必游之地

　　从阿尔汗布拉宫远望阿尔拜辛区很美；近距离走进这个摩尔人很早就落脚的区域，密密麻麻的白色房舍面对阿尔汗布拉宫沿山而建，伊斯兰教式的建筑、中庭、门饰、餐厅等，犹如一块块大大小小的积木插满整座山头，巷弄曲曲折折好像迷宫，房子、街道虽然老旧，却整齐干净，让人有种迷失在阿拉伯世界里的错觉。

　　从圣尼可拉斯瞭望台(Mirador de San Nicolás) 眺望阿尔汗布拉宫，可以把终年白头的内华达山脉（Sierra Nevada）收进眼底，画面同样令人舍不得眨眼。

科尔多瓦

　　在旧城区里，伊斯兰建筑遗迹、荒废的中庭和阳台垂吊下来的鲜艳花朵，让科尔多瓦成为一座浪漫迷人的城市；不急不徐的游客和享受闲情逸致的居民漫步在狭窄的街道和曲折的巷弄间。这里虽然没有塞维利亚般的活力四射，没有格拉纳达那般强烈的个性，却可以见证 3 个世纪以来混合伊斯兰教、犹太教和天主教风格的精彩建筑遗迹。

　　从清真寺中的拱门与壁龛，可以欣赏到摩尔人统治下发展出的伊斯兰艺术；犹太区则保留了伊比利亚半岛罕见的犹太教堂；至于兴建于 14 世纪的皮亚纳宫（Palacio de l Viana），更为西班牙 16—17 世纪的黄金时期埋下伏笔。

科尔多瓦交通

如何到达——火车 ➡

　　从马德里的阿托查火车站可搭乘 AVE 和 ALVIA 或 ALTARIA 前往科尔多瓦，车程 1 ~ 2 小时，火车班次非常频繁，平均每 30 ~ 60 分钟就有 1 班车。从塞维利亚可搭乘 AVE 和 AVANT，以及 MD 前往，车程 40 分钟至 1 小时，火车班次非常频繁，平均 5 ~ 30 分钟就有 1 班。另外从格拉纳达可搭乘 ALTARIA 前往科尔多瓦，车程 2 小时 30 分钟，每天 2 班车。准确班次、详细时刻表及票价可上网或至火车站查询，车票可至火车站柜台购买。

西班牙国铁

🔴 www.renfe.com

火车站往返市区交通

　　科尔多瓦的中央火车站（Estación Central）位于城市东北方，和景点聚集的旧城市中心相距 2 千米，由此可搭乘 3 号巴士前往清真寺附近的罗马桥边，或是步行 20 ~ 30 分钟到达。由此搭出租车前往市区大约 7 欧元。

如何到达——长途 ➡ 巴士

　　从安达鲁西亚各大城市搭乘巴士前往科尔多瓦也相当方便。从马德里的南巴士总站搭乘 Secorbus 巴士公司的车前往科尔多瓦，车程 4 小时 30 分钟，每天 6 班车。从巴塞罗那搭 Alsa 巴士公司的车前往则需 13 ~ 14 小时，每天 2 班。从格拉纳达或塞维利亚搭乘巴士前往科尔多瓦，车程 2 小时 30 分钟至 2 小时 50 分钟或 1 小时 30 分钟至 2 小时 15 分钟。

Secorbus 巴士

🌐 www.socibus.es

Alsa 巴士

🌐 www.alsa.es

长途巴士站往返市区交通

巴士站就位于火车站旁，由此可搭乘3号巴士前往清真寺附近的罗马桥边，或是步行20~30分钟前往市中心景点。由此搭出租车前往市区大约7欧元。

市区交通 →

景点大多位于旧城市中心，彼此间皆可以步行方式前往。

旅游咨询 →

科尔多瓦旅游服务中心

🏠 Calle Rey Heredia 22

☎ 95-7201774

🕐 周一至周五 8:30-14:30（周末和假日休息）

🌐 www.turismodecordoba.org

安达鲁西亚旅游局

🏠 Estación Central（中央火车站）

☎ 90-2201774

🕐 9:00-14:00、16:30-19:00

🌐 www.andalucia.org

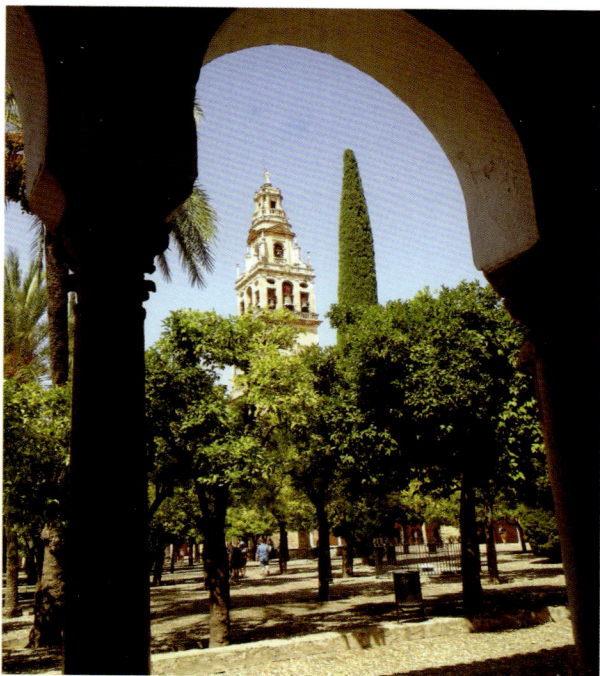

精华景点

🏠 Ronda de Isasa

🚌 从火车站或巴士站可搭乘 3 号巴士前往，或步行约 20 分钟可达

☎ 95-7293929

🕐 卡拉欧拉塔博物馆 5—9 月 10:00-14:00、16:30-20:30，10 月至次年 4 月 10:00-18:00

💰 卡拉欧拉塔博物馆全票 4.5 欧元、优惠票 3 欧元

🌐 www.torrecalahorra.com

必游之地 MUST-VISIT PLACES

　　跨越瓜达基维河的罗马桥和清真寺形成了科尔多瓦最美的风光。公元 1 世纪的罗马桥，是奥古斯都大帝所建，不过经过多次重建与整修，如今仅有部分原始桥梁得以保留，事实上这座桥看起来相当新。长 230 米，共有 16 座桥墩，其中 4 座呈尖顶状，其他则为半圆形，桥中央耸立着一尊圣拉菲尔（San Rafael）的雕像，它是科尔多瓦的守护神。

　　想要拍摄到清真寺与罗马桥的最佳角度，一定要穿越罗马桥来到河的对岸，罗马桥自清真寺前的桥门（Puerta del Puente）一路延伸到对岸的卡拉欧拉塔（Torre de la Calahorra）。这栋建于昔日伊斯兰建筑上的多角形塔楼相当坚固，具有易守难攻的特性，20 世纪后曾被当作监狱和学校使用，如今已被改成市立历史博物馆。

基督教君主城堡

🏠 Calle Caballerizas Reales

🚶 从清真寺步行约 5 分钟可达

☎ 95-7420151

🕐 6 月 16 日至 9 月 15 日周一 8:30-20:30，周二至周日 8:30-20:00；9 月 16 日至次年 6 月 15 日周一 8:30-20:30，周二至周五 8:30-20:45，周六、周日和假日 8:30-20:00

💰 与胡利欧美术馆联票全票 4.5 欧元、优惠票 2.25 欧元

🌐 www.alcazardelosreyescristianos.cordoba.es

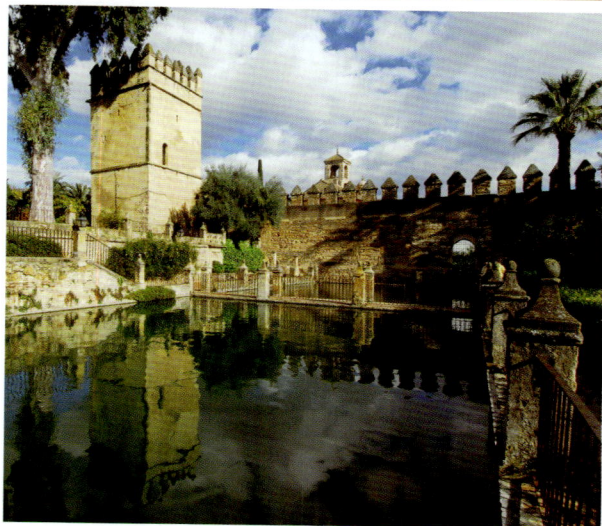

必游之地
MUST-VISIT PLACES

　　四周围绕着厚实城墙的基督教君主城堡，既是要塞也是皇宫，历经历史的更迭，层层建筑彼此相叠或相邻，形成今日这座拥有古罗马、西哥特、伊斯兰等多种风格的建筑。

　　如今堡内已改为博物馆，收藏着珍贵的公元 3 世纪古罗马石棺，以及数件难得的马赛克艺术品和一座保存状况良好的古浴池。除了登上高塔欣赏科尔多瓦的风景外，基督教君主城堡的阿拉伯式庭园也相当值得观赏，排列有序的喷水池、池塘、橘子树、花园、茂密的树林，让这里弥漫着伊斯兰教时期的气息，在酷热的夏日里，实在是个避暑的好地方。此外，这里还有自花园后方延伸出去的古罗马城墙和城门。

清真寺

🔴 MUST-VISIT PLACES 必游之地

🏠 Calle Torrijos 10

🚶 从罗马桥步行约 3 分钟可达

☎ 95-7470512

🕐 3—10 月周一至周六 10:00-19:00，周日和假日 8:30-11:30、15:00-19:00；11 月至次年 2 月周一至周六 10:00-18:00，周日和假日 8:30-11:30、15:00-18:00。亦开放夜间参观，时间及预约可咨询旅游服务中心

💴 日间全票 8 欧元、优惠票 4 欧元；夜间全票 18 欧元、优惠票 9 欧元

🌐 www.catedraldecordoba.es

❗ 开放时间常随月份异动，出发前请上网站查询

　　许多游客来科尔多瓦，为的就是能一睹这座举世闻名的清真寺，它不但是伊斯兰王朝遗留在安达鲁西亚的最佳文化遗迹，而且奇特的是，里头还容纳了一座教堂。这座占地 2.4 平方米、可容纳 2.5 万人的超大型清真寺，不但是现今欧洲规模最大的清真寺，也是展现伊斯兰教艺术的最佳典范。

　　天主教政权收复科尔多瓦后，清真寺摇身一变成了另一个宗教场所。就在天主教双王收复这座城市将近 3 个世纪后，卡洛斯五世不顾当地政府与市民的反对，将清真寺改建成一座天主教堂，文艺复兴风格的主祭坛和唱诗班大剌剌地坐落于清真寺的正中央。尽管这样的改建工程对于清真寺造成永难恢复原貌的破坏，也引发了后世相当多的批评，却也诞生了一座如此独一无二的奇特建筑。或许，它的存在便是为了说明当年伊斯兰教和天主教文化如何相互影响的。

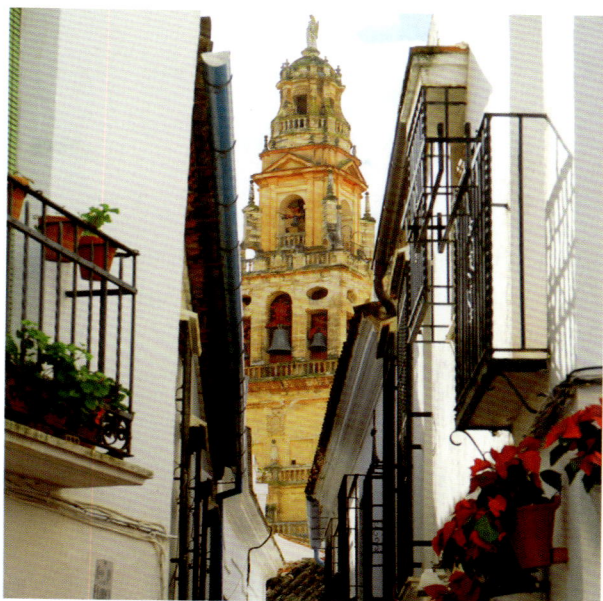

犹太街区 ★星级推荐

- 位于清真寺和 Avda. del Gran Capitán 之间
- 从清真寺步行约 5 分钟可达

● **犹太会堂**
- Calle Judíos 20
- 95-7202928
- 周二至周六 9:30-14:00、15:30-17:30，周日及假日 9:30-13:30（周一休息）
- 每人 0.3 欧元

　　清真寺的北边和西边都属于犹太区，一盆盆鲜艳的花朵装点着墙壁，其中又以百花巷（Calleja de las Flores）最为迷人。百花巷附近聚集了不少餐厅和纪念品店，店家陈列于户外的商品同样令人目不暇接。犹太区是科尔多瓦旧城中最古老的一区，四周围绕着多座清真寺，这里曾聚集着伊比利亚半岛上最大的犹太社群。

　　现今唯一能见证犹太遗迹的，是坐落于犹太街区核心位置的犹太教堂（Sinagoga），它是目前西班牙境内仅存的 3 座中世纪犹太教堂之一（其他两座位于托莱多）。根据建筑内发现的碑文，这座教堂于 1314—1315 年之间建造。

安达鲁西亚之家

🏠 Calle Judíos 12
🚇 从清真寺步行约 5 分钟可达
☎ 95-7290642
🕐 10:00-19:30
💴 每人 3 欧元
🌐 www.lacasaandalusi.com

　　坐落于犹太教堂旁，安达鲁西亚之家是展示哈里发（Caliphate）统治时期的迷你珠宝盒，穿过那扇窄小的大门，时光便倒流至 12 世纪。一座美丽的喷泉流淌的潺潺水声，四周点缀着五彩缤纷的盆花，为人们提供舒适的凉意。穿过雕刻着阿拉伯图案的摩尔式拱廊，小小的厅房里展示着手工造纸机器，这项来自中国的发明，10 世纪时随着穆斯林从巴格达传入了西班牙，而科尔多瓦正是欧洲第一个懂得造纸的城市。从另一道门出去，一条狭巷通往另一座迷你的中庭，沿途经过以昔日城墙为墙的建筑结构，短短的路程却浓缩了 10 个世纪的变迁。至于地下室则保留了西哥特式的浅浮雕，里面收藏了一些历经伊斯兰教朝代变迁的金、银、铜币。

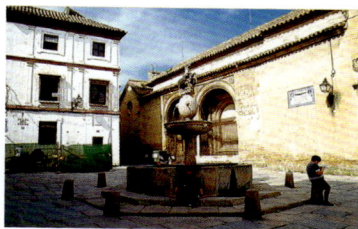

小马广场 ♥

🚌 从清真寺步行约 10 分钟可达

● **科尔多瓦美术馆**

🏠 Plaza del Potro 1

☎ 95-7355550

🕐 6 月 16 日至 9 月 15 日周二至周日和假日 10:00–17:00,其他日期周二至周六 10:00–20:30、周日及假日 10:00–17:00(周一及节假日休息)

💴 每人 1.5 欧元

🌐 www.juntadeandalucia.es/cultura/museos

● **胡利欧美术馆**

🏠 Plaza del Potro 1–4

☎ 95-7470356

🕐 周二至周五 8:30–20:45,周六 8:30–16:30,周日和假日 8:30–14:30

💴 与基督教君主城堡联票全票 4.5 欧元、优惠票 2.25 欧元

🌐 museojulioromero.cordoba.es

　　这座精致小巧的广场就位于清真寺的东边,原是 16、17 世纪商人和旅行者聚集的场所。广场中央有座立着小马雕像的喷泉,它是本市的市徽,广场也因此有了今天的名字。

　　这座文艺复兴式的喷泉落成于 1577 年,《唐·吉诃德》一书的作者塞万提斯不但曾在书中提及这座广场,据说他也曾下榻一旁的小马客栈 (Posada del Potro),该客栈经过多次整修,依稀可见原本的建筑样式。

　　除了纪念品店之外,广场的另一侧坐落着科尔多瓦美术馆 (Museo de Bellas Artes de Córdoba) 和胡利欧美术馆 (Museo Julio Romero de Torres),科尔多瓦美术馆中收藏了苏巴兰、慕里欧和利贝拉等西班牙大师的画作,而胡利欧美术馆则展出 19 世纪末出生于科尔多瓦、擅长女性绘画的同名画家的作品。

考古学博物馆

- 🏠 Plaza Jerónimo Páez 7
- 🚌 从清真寺步行约 5 分钟可达
- ☎ 95-7355517
- 🕐 9 月 16 日至次年 5 月 31 日周二至周六 10:00-20:30、周日和假日 10:00-17:00，6 月 1 日至 9 月 15 日周二至周六 9:00-15:30、周日和假日 10:00-17:00（周一休息）
- 💴 每人 1.5 欧元
- 🌐 www.juntadeandalucia.es/cultura/museos

　　位于一处绿意盎然的广场上，博物馆里面收藏了科尔多瓦当地从史前时代一直到中世纪的珍贵文物。考古学博物馆创立于 1868 年，不过一直到 1959 年才搬到了今日的位置。博物馆共分为两层，里头包括罗马文物、石棺、陶瓷器以及伊斯兰装饰等，其中最引人注目的，包括将这栋豪宅改建成博物馆时发现的、历史追溯到公元前 1 世纪的罗马剧场遗址、公元 1 世纪的大理石潘神面具，以及出土自科尔多瓦郊区的梅迪纳亚萨拉宫殿遗址的青铜鹿像等。

皮亚纳宫

- 🏠 Plaza de Don Gome 2
- 🚌 从清真寺步行约 15 分钟可达
- ☎ 95-7496741
- 🕐 6～9 月周二至周日 9:00-14:00、19:00-22:00，10 月至次年 5 月周二至周六 10:00-19:00、周日 10:00-15:00（周一和假日休息）
- 💴 宫殿与花园中庭 8 欧元，花园中庭 5 欧元
- 🌐 www.palaciodeviana.com

　　兴建于 14 世纪，16 世纪时经过多次整修，这座豪宅原本是皮亚纳公爵家族的府邸，宅内至今仍是当年他们离去时的原貌。1981 年时以博物馆之姿对外开放，透过 17 世纪的家具、来自法兰德斯的织锦、绘画、陶瓷器等生活用品，不难看出公爵家族当年曾有过的气派。

　　不过中庭才是皮亚纳宫最大的特色，在它约 6500 平方米的面积中，光是中庭就超过总面积的一半，再加上曾经多次获得当地的中庭节大奖，使得它有着"中庭博物馆"的美誉。12 座中庭各具特色，随季节展现不同风情，不妨漫步于这些庭园中，好好享受一下世外桃源般的宁静。

萨拉曼卡

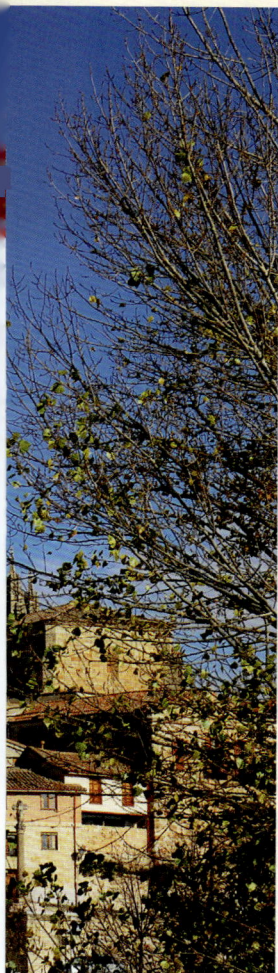

距离马德里以西 200 米，萨拉曼卡是一个既古老又年轻的城市。古老的是它悠久的历史，早在古罗马人殖民西班牙以前，瓦凯依人（Vaccaei）已在此创立城市，后来因为银之路的开发，这座位居枢纽地位的城市，揭开繁荣的序幕，其历史追溯至公元 1 世纪的罗马桥（Puente Romano），便是昔日银之路的一段。

　　公元 1218 年时，国王阿方索九世（Alfonso IX of León）创立了萨拉曼卡大学，从此改写了这座城市的命运，这座小镇因此一跃成为欧洲的学术中心，至今仍是西班牙最重要的大学城，也因此吸引许多自海外慕名而来的学生到此求学、定居。正因为这股源源不绝的年轻活力，使得萨拉曼卡也成为一处洋溢着青春气息的地方。

　　除了浓厚的学术气息之外，萨拉曼卡也被称为"西班牙最美丽的城市"，原因在于市内大量以砂岩打造的建筑，每当阳光照射，便散发出金黄色的光辉，尤其是那座大量装饰丘里格拉式（Churrigueresque）雕刻的主广场（Plaza Mayor），更是令人流连忘返。

精华景点

市长广场

🏠 Plaza Mayor
🚌 可从火车站或巴士站搭乘巴士前往

这座被喻为"西班牙最优雅的广场",由亚伯特·丘里格拉(Alberto de Churriguera)于 1729 年设计而成。亚伯特来自创造丘里格拉式建筑风格的丘里格拉艺术家族,该风格兴起于 17 世纪末,是西班牙式的巴洛克主义,特色在于大量且繁复的粉饰灰泥雕刻。

·广场上拥有 3 座大钟的建筑即是市政府,体积庞大、气势宏伟,现在则成为当地的地标。广场周边有许多餐厅、商店、露天咖啡馆,逛累了不妨坐下来喝杯咖啡,一边晒太阳,一边欣赏广场上热闹的人群。

爱尔兰学院

🏠 Calle de Fonseca 4
🚌 从主广场步行约 8 分钟可达
☎ 92-3294570
🕐 10:00~14:00、16:00~19:00
💴 全票 2 欧元、优惠票 1 欧元
🌐 campus.usal.es

兴建于 1521 年,原本是大主教阿隆索·达·冯塞卡替穷苦学生设立的学校,之后,西班牙国王菲利浦二世将这里改建为供爱尔兰学生就读的学院,如今则为教师宿舍。

建筑共分为两大部分,一是内部的教室、礼拜堂和前立面,另一部分是回廊、圣器收藏室。其中庭回廊与其他大学一样,拥有许多拱廊,洋溢着文艺复兴风格,且非常静谧,装饰其中的浮雕以知名人文学者为主题。结合哥特式与文艺复兴风格的礼拜堂,收藏着由阿朗索·贝鲁格特(Alonso Berruguete)设计的主祭坛屏风。

旧大学

🏠 Calle Libreros
🚶 从主广场步行前往约 8 分钟可达
☎ 92-3294400
🕐 周一至周五 9:30-13:30、16:00-19:30，周六 9:30-13:30、16:00-18:30，周日和假日 10:00-13:00
¥ 全票 4 欧元、优惠票 2 欧元
🌐 www.usal.es

星级推荐

　　萨拉曼卡的旧城其实就是一座大学城，城内遍布萨拉曼卡大学的各个学院，建筑风格略显不同。它是西班牙最古老的大学。

　　大学最经典的建筑是位于西侧正面的壁雕，呈现精致的银匠式风格，英雄人物、圣经主角以及著名家族的徽章，热闹跃于其中，让人眼花撩乱，尤其是位于中央的天主教双王费南度和伊莎贝尔的雕像，更是不可或缺的主角。大学建筑群中有大小演讲室和音乐室，里面的木头桌椅、讲坛和天花板上的斑斑痕迹证明了它悠久的历史。由于大学和教会有着密切的关联，因此大学中还附设了一座礼拜堂，空间虽然不大，主祭坛的壁画却金碧辉煌。至于位于 1 楼的图书馆，则兴建于 1472 年，高达数层的书架分门别类地收藏着珍贵的古书，以及历史悠久的地球仪。

新旧大教堂

- 🏠 Calle Cardenal Play Deniel s/n
- 🚍 从主广场步行约 10 分钟可达
- ☎ 92-3217476
- 🕐 夏季 10:00-19:30，冬季 10:00-17:30
- 💴 全票 4.75 欧元、优惠票 4 欧元
- 🌐 www.catedralsalamanca.org

　　无论外观还是内部都紧密相连的新旧大教堂，虽说是两座教堂，其实是由一整座教堂扩建而成的结果，它们共用一个出入口，因此无论想前往何处，都必须从新教堂进入。

　　新教堂内另有一道专属大门通往旧教堂，因而给人一种教堂中的教堂的感受。旧教堂的墙壁上残存着古老的壁画，高挑的廊柱撑起哥特式的拱顶，柱头上装饰着人面鸟身的怪异浮雕。位于中央的主祭坛的画屏，描绘出 53 个与耶稣和圣母生平有关的场景，位于最上方的则是名为《最后的审判》（Juicio Final）的湿壁画。

贝壳之家

- 🏠 Calle de las Companias
- 🚍 从主广场步行约 3 分钟可达
- 🕐 中庭 周一至周五 9:00-21:00，周六 9:00-14:00、17:00-20:00，周日和假日 10:00-14:00、16:00-19:00；图书馆周一至周五 9:00-21:00、周六 9:00-14:00（周日和节假日休息）
- 💴 免费

　　这栋外形特殊的建筑，坐落于两街转角，由于外观装饰了满满的贝壳浮雕，因而被命名为"贝壳之家"。

　　公元 1493—1517 年间，圣地亚哥骑士罗迪列高（Rodrigo Arias de Maldonado）为守护圣地亚哥骑士团而兴建了这栋私人宅邸，由于贝壳正是该骑士团的象征，同时也是朝圣者的象征，因此这栋风格融合哥特与银匠式的建筑，自然以此图案为装饰，据说上方的贝壳数量多达 300 个。此外，窗户和入口上方还可以看见马尔多纳多（Maldonado）家族的家徽。贝壳之家内部有座中庭，平日对民众开放。目前，贝壳之家内部已改设为旅游服务中心和图书馆，因此即使是热门景点，却也经常可见当地民众前往。

圣埃斯特班修道院

🏠 Plaza del Concilio de Trento 1
🚊 从主广场步行约 8 分钟可达
☎ 92-3215000
🕐 10:00-14:00、16:00-19:00
💴 每人 3 欧元
🖱 www.conventosanesteban.es

　　圣埃斯特班修道院位于旧城东南方，以它壮观的银匠式立面雕刻闻名。它始建于公元 1525 年，完成于 1618 年。

　　修道院由教堂、回廊、圣器收藏室、唱诗班席、修士会馆和图书馆等建筑组成。教堂的主大门兴建于 1660 年左右，由多道拱门层层相叠，上方惊人的石雕，又以中央描绘圣埃斯特班殉教的浮雕最为引人注目。文艺复兴式的入口通往一座洋溢哥特风情的回廊，纤细的廊柱撑起美丽的廊拱，在屋顶勾勒出一颗颗八角状的星星，透过地上的镜子，更能清楚地欣赏它优雅的结构。教堂内部的主祭坛屏风是荷西·丘里格拉的杰作，可以说是萨拉曼卡最金碧辉煌的艺术。除此之外，这里也曾是许多名人的旅居之地，包括哥伦布、西班牙文艺复兴时期的哲学家弗朗西斯科·维多利亚（Francisco de Vitoria）等人。

圣地亚
哥－德孔
波斯特拉

　　圣地亚哥全称"圣地亚哥－德孔波斯特拉"，是加利西亚自治区的首府，位于西班牙西北部。关于这座城市的历史，在《圣经》中便可见到，相传十二门徒之一的圣雅各，曾到西班牙传教 7 年，死后遗骨安葬于此。

　　圣地亚哥和罗马、耶路撒冷并列天主教世界的三大朝圣地，位于西班牙最西边，是长达 800 千米的朝圣之路的终点，数个世纪以来，成千上万的朝圣者，从法国翻越庇里牛斯山，沿途经潘普洛纳（Pamplona）、布尔戈斯（Burgos）和莱昂（León）……跋山涉水，历经千辛万苦，才得到其精神最后的归宿。

圣地亚哥交通

如何到达——火车 ➔

从马德里的查马丁火车站可搭乘 TALGO 或夜车 TRENHOTEL 前往圣地亚哥，车程约 7 小时或 9 小时，每日各有 1 班。也可从莱昂搭乘 ARCO 前往，车程约 6 小时，每日 1 班。准确班次、详细时刻表及票价可上网或至火车站查询，购票可至火车站柜台。火车站位于市区，步行前往加利西亚广场（Plaza de Galicia）只需 10 分钟。

西班牙国铁

🔗 www.renfe.com

如何到达——长途巴士 ➔

从马德里的南巴士站搭乘 Alsa 巴士公司的车前往圣地亚哥，车程需 8～10 小时，每天有 4～5 班车。巴士站位于市区东北方，步行前往旧城中心的金塔纳广场（Plaza de la Quintana）需 20 分钟，也可以搭乘 5 号巴士前往加利西亚广场。

Alsa 巴士

🔗 www.alsa.es

市区交通 ➔

景点聚集的旧城区禁止车辆进入，景点间可以步行参观。

旅游咨询 ➔

圣地亚哥旅游服务中心

🏠 Rúa do Vilar 63

☎ 98-1555129

🕐 6—9 月 9:00–21:00，10 月至次年 5 月周一至周五 9:00–19:00，周六、周日和假日 9:00–14:00、16:00–19:00

🔗 www.santiagoturismo.com

加利西亚旅游服务中心

🏠 Rúa do Vilar 30-32

☎ 98-1584081

🕐 周一至周五 10:00–20:00，周六 11:00–14:00、17:00–19:00，周日和假日 11:00–14:00

🔗 www.turgalicia.es

精华景点

圣地亚哥大教堂

🏠 Plaza Obradoiro

🚶 从加利西亚广场步行约 8 分钟可达

☎ 大教堂 98-1555129,
博物馆 98-1569327

🕐 大教堂每日 7:00-20:30；博物馆 4 月至 10 月每日
9:00-20:00,11 月至次年 3 月每日 10:00-20:00

💴 大教堂免费；博物馆全票 6 欧元、优惠票 4 欧元；
大教堂"荣耀之门"加博物馆全票 10 欧元、优惠
票 8 欧元；教堂加博物馆导览全票 15 欧元、优惠
票 12 欧元

🌐 www.catedraldesantiago.es

MUST-VISIT 必游之地 PLACES

几乎所有前来圣地亚哥的人，都是为了观赏这座大教堂。最初因发现圣雅各之墓而建造的小教堂，经过天主教国王的扩建与穆斯林的破坏，这座主结构为罗马式的宏伟建筑在 11—13 世纪时，拥有高耸的立面与盘旋而上的双层阶梯，气势不凡。

这座教堂于 1188 年时落成于建筑师马提欧（Maestro Mateo）之手，它位于欧布拉多伊洛广场（Plaza del Obradoiro）上的主立面，洋溢着浓厚的西班牙巴洛克风格。从主立面进入，令人眼花缭乱的荣耀之门（Portico de la Gloris）相当精彩，取材自《圣经》故事的雕像群多达 2 000 尊，是目前保存最完好的罗马风格作品。

位于教堂中央的主祭坛，则是 18 世纪的丘里格拉风格，位于圣雅各之墓上，金碧辉煌的装饰将圣雅各簇拥其中，游客可以走上阶梯，向前亲吻圣雅各的斗篷，或是前往地下墓室，悼念圣雅各及其两位弟子的遗骨。另一扇银匠之门（Puerta de las Platerías）位于祭坛的右侧，也颇富趣味地呈现出伊甸园的景象，亚当、夏娃、苹果和蛇的造型质朴。

博物馆附设于大教堂右侧的回廊，里面收藏了必须由 6 位男性执掌的大型香炉（Botafumeiro）以及戈雅等艺术家的作品。从博物馆的 2 楼阳台可以眺望整个欧布拉多伊洛广场和老城区的明媚风光。

莱昂

莱昂城自古以来就是连接卡斯提亚和加利西亚两大地区的要冲。公元10世纪时，成为奥斯图里亚斯（Asturias）王国的首都。12世纪时，由于莱昂正好位于朝圣之路上，因而成为西班牙的基督教中心。城内保存有罗马、哥特和文艺复兴风格的各式建筑，值得慢慢欣赏。

　　从古到今，历史古城多半与河流脱离不了关系，莱昂也不例外，秀丽的贝内斯加河将它纵切成新、旧两区，旧城区无疑是观光重点。位于西班牙国铁火车站（Renfe）和旧城之间的河流，又将旧城笔直切成上、下两大块，经过热闹的圣多明哥广场（Plaza de Santo Domingo），波堤内之家、大教堂和圣伊索多罗教堂等主要景点。

莱昂交通

如何到达——火车

从马德里的查马丁火车站可搭乘 ALVIA、MD 或 TRENHOTEL 前往莱昂，车程 2 ~ 4 小时，每日有 9 班车。也可从巴塞罗那搭乘 ALVIA 或 TRENHOTEL 前往，车程 8 ~ 9 小时，每日 1 班。准确班次、详细时刻表及票价可上网或至火车站查询，购票可至火车站柜台。

西班牙国铁
🌐 www.renfe.com

火车站往返市区交通

火车站位于贝内斯加河的西岸，步行前往圣多明哥广场只需 10 分钟，前往大教堂则需 15 分钟；也可搭乘只在平日行驶的 14 号迷你巴士前往圣多明哥广场与大教堂不远处的主广场。

如何到达——长途巴士

从马德里的南巴士站搭乘 Alsa 巴士公司的车前往莱昂，车程 3 小时 30 分钟至 4 小时 30 分钟，每天有 10 ~ 12 班车。另外北部的奥维耶多（Oviedo）和巴利亚多利德 (Valladolid) 也有巴士前往莱昂，车程在 1 小时 30 分钟至 2 小时，每天都有超过 10 班以上的巴士。

Alsa 巴士
🌐 www.alsa.es

长途巴士站往返市区交通

巴士站位于火车站附近，同样可以步行方式前往市区，或是搭乘平日行驶的 14 号迷你巴士往来。

市区交通

景点间可以步行的方式参观。

旅游咨询

卡斯提亚—莱昂旅游服务中心

🏠 Plaza de la Regla 3
☎ 98-7237082
🕐 7 月 1 日至 9 月 15 日 9:00–20:00，9 月 16 日至次年 6 月 30 日周一至周五 9:00–14:00、17:00–19:00，周六周日和假日 10:00–14:00、16:00–19:00
🌐 turismocastillayleon.com

精华景点

莱昂大教堂

🏠 Plaza de Regla
🚶 从圣多明哥广场步行约 6 钟可达
📞 98-7875770
🕐 5 月至 9 月周一至周五 9:30–13:30、16:00–20:00，周六 9:30–12:00、14:00–18:00，周日和假日 9:30–13:30、14:00–20:00；10 月至次年 4 月周一至周六 9:30–13:30、16:30–19:00，周日及假日 9:30–14:00
💰 全票 5 欧元、优惠票 4 欧元
🌐 www.catedraldeleon.org

MUST-VISIT 必游之地 PLACES

　　这座宏伟的教堂以法国亚眠（Amiens）的大教堂为蓝本，来自南锡（Nancy）的建筑师恩凯斯，虽然采用法国哥特式结构搭配法式彩绘玻璃，在颜色上却大量使用红、黄等象征西班牙的颜色。而它多达 125 扇的彩绘玻璃，成为该教堂最大的特色，使内部的主祭坛与唱诗班席获得了更多阳光，给人一种神圣感，尤其是西侧与南侧的彩绘玻璃最为美丽，其中最古老的玻璃的历史还可以追溯至 13 世纪。

　　除了彩绘玻璃外，大教堂内部雕刻精美的唱诗班席、优雅的回廊以及收藏 10—17 世纪祭坛或宗教艺术品的博物馆，也相当值得一看。下方主要入口上的浮雕，描绘着圣经故事中的《最后的审判》，离开前，别忘了欣赏西侧立面的玫瑰窗与双塔，以及一根根飞扶壁高高撑起的主殿结构。

波提内之家

🏠 Calle de la Legión Ⅶ, 3
🚌 从圣多明哥广场步行约 3 分钟可达
❗ 内部为私人建筑，并未对外开放

波提内之家（1891—1894 年）是建筑大师高迪的作品之一，现在虽已改为银行，内部装潢也经过重新翻修，但正门上方的铸铁雕饰，依旧说明它出自高迪之手。

尽管今日高迪备受推崇，然而此新哥特式作品即将落成之时，却曾遭到市民的唏嘘，甚至传出将会倒塌的预言。如今波堤内之家仍坚固如新，简洁却不失庄重，风采依旧，显现出大师的远见与不凡。其左侧的迦兹马纳宫（Palaciao de los Guzmanes）在圣多明哥广场上也极为耀眼，尤其是精雕细琢的正门，以及门前饶富趣味的公共景观。

圣伊索多罗教堂	🏠 Plaza de San Isidoro 4
	🚇 从圣多明哥广场步行约 5 分钟可达
	☎ 98-7876161
	🕐 教堂每日 7:00-23:00；皇家先贤祠和博物馆 7—8 月周一至周六 9:00-20:00、周日和假日 9:00-14:00，9 月至次年 6 月周一至周六 10:00-13:30、16:00-18:30，周日和假日 10:00-13:30
	¥ 教堂免费，先贤祠和博物馆 3 欧元
	🌐 www.museosanisidorodeleon.com

　　美丽的圣伊索多罗教堂洋溢着罗马式风格，由费尔南多一世（Fernando Ⅰ）于 1063 年下令兴建，主要用来供奉塞维亚大主教伊索多罗的圣骨，并被当成费尔南多一世和后代子孙的陵寝。

　　教堂外观看来朴实，但主要入口两侧装饰着细致的浮雕，分别描述《卸下圣体》以及《亚伯拉罕的献祭》，而位于中央的则是骑马的圣伊索多罗像。皇家先贤祠（Pantéon Real）中长眠着 11 位国王和 12 位皇后，不过最引人注目的是装饰于拱廊上的湿壁画，诞生于 12 世纪，是西班牙最具代表性的罗马式湿壁画，画中色彩依旧鲜艳。

圣马可仕修道院

- ⌂ Plaza de San Marcos
- 🚌 从圣多明哥广场步行约 8 分钟可达
- ☎ 98-7245061
- 🕐 7—9 月 周 二 至 周 六 10:00-14:00、17:00-20:00，周日和假日 10:00-14:00；10 月至次年 6 月周二至周六 10:00-14:00、16:00-19:00，周日和假日 10:00-14:00（周一休息）
- ¥ 全票 0.6 欧元

● **莱昂博物馆**
- ⌂ Plaza de Santo Domingo 8
- ☎ 98-7236405
- 🕐 7—9 月 周 二 至 周 六 10:00-14:00、17:00-20:00，周日和假日 10:00-14:00；10 月至次年 6 月周二至周六 10:00-14:00、16:00-19:00，周日和假日 10:00-14:00（周一休息）
- ¥ 全票 1.2 欧元
- 🌐 www.museodeleon.com

星级推荐

　　圣马可仕修道院是文艺复兴式建筑，修道院始建于公元 1168 年，当时只是一栋位于城外、临贝内斯加河畔而立、没有过多装饰的建筑，主要被当作信奉天主教的穷人的住所，后来也被当成朝圣之路上为朝圣者服务的临时医院。16 世纪时，修道院在多位建筑师的打造下，增加了教堂、回廊、圣器收藏室。它成为西班牙最重要的银匠式建筑之一。如今修道院已改设为豪华的五星级国营旅馆（Parador），可入内参观，尤其是位于 2 楼的回廊，很值得观赏。隔壁的莱昂博物馆（Museo de León）是修道院的一部分，须另外付费参观，里面主要展出莱昂省的文物。

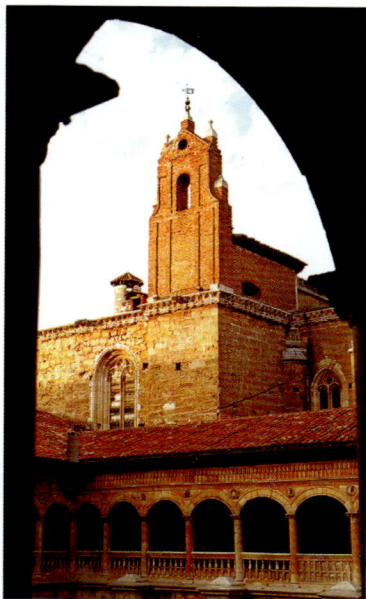